张富清系列图书

静静流淌的岁月

长篇散文

韩永强 / 著

长江出版传媒
湖北人民出版社

图书在版编目(CIP)数据

静静流淌的岁月/韩永强著.
武汉:湖北人民出版社,2019.10
ISBN 978-7-216-09754-3
Ⅰ.①静… Ⅱ.①韩… Ⅲ.①散文集—中国—当代
Ⅳ.①I267

中国版本图书馆CIP数据核字(2019)第129964号

责任编辑：胡心婷　黄　沙　曾若雪
　　　　　朱小丹　耿天维
封面设计：刘舒扬
责任校对：范承勇
责任印制：王　超

静静流淌的岁月 JINGJING LIUTANG DE SUIYUE

出版发行:湖北人民出版社	**地址**:武汉市雄楚大道268号
印刷:湖北新华印务有限公司	**邮编**:430070
开本:787毫米×1092毫米 1/16	**印张**:10.25
版次:2019年10月第1版	**印次**:2019年10月第1次印刷
字数:80千字	**插页**:1
书号:ISBN 978-7-216-09754-3	**定价**:36.00元

本社网址：http://www.hbpp.com.cn
本社旗舰店：http://hbrmcbs.tmall.com
读者服务部电话：027-87679656
投诉举报电话：027-87679757

前　言

2019年4月21日，习近平总书记对张富清同志先进事迹作出重要指示强调，老英雄张富清60多年深藏功名，一辈子坚守初心、不改本色，事迹感人。在部队，他保家卫国；到地方，他为民造福。他用自己的朴实纯粹、淡泊名利书写了精彩人生，是广大部队官兵和退役军人学习的榜样。要积极弘扬奉献精神，凝聚起万众一心奋斗新时代的强大力量。

今年95岁的张富清，是原西北野战军三五九旅七一八团二营六连战士，在解放战争的枪林弹雨中英勇善战、舍生忘死，先后荣立西北野战军特等功一次、军一等功一次、师一等功一次、师二等功一次和团一等功一次，并被授予军“战斗英雄”称号、师“战斗英雄”称号和“人民功臣”奖章。1955年张富清退役转业，主动要求到湖北最偏远的恩施来凤工作，60多年来他刻意尘封功绩，为山区人民奉献一生。战争年代不怕牺牲、出生入死，张富清靠的是一名共产党员的忠诚信仰；和平时期扎根深山、默默奉献，张富清为的是不负一名共产党员的铮铮誓言。

习近平总书记为张富清同志颁授“共和国勋章”，中共中央授予张富清同志“全国优秀共产党员”称号，中央宣传部授予张富清同志“时代楷模”荣誉称号，中央组织部、中央宣传部等四部门联合印发《关于开展向张富清同志学习的通知》，中共湖北省委下发《关于认真贯彻习近平总书记重要指示精神，广泛开展向张富清同志学习的通知》，要求各级党组织和广大党员干部深入学习张富清同志对党忠诚、不忘初心的革命本色，胸怀大局、矢志奉献的政治品格，淡泊名利、深藏功名的高尚情操，克己奉公、廉洁无私的敬业精神，艰苦奋斗、乐观向上的人生态度。

为深入学习宣传张富清同志的先进事迹，传承弘扬爱国奋斗精神，奏响新时代奋斗者之歌，用英雄模范的感人故事激励全省广大党员干部不忘初心，担当使命，继续砥砺前行，根据中共湖北省委宣传部的部署安排，湖北省作家协会组织作家深入张富清同志战斗、工作和生活的地方，面对面采访英雄，记录英雄事迹，聆听英雄心声，创作了长篇报告文学《父亲原本是英雄》、长诗《中国，一个老兵的故事》、长篇散文《静静流淌的岁月》三部文学作品。这些作品以充沛的激情、生动的笔触、感人的细节、真挚的语言，把一个在战场上“无畏”、在岗位上“无私”，只求事业“功成”、不图个人“功名”，人生角色“在变”、初心使命“不变”的英雄呈现在读者面前，还原了一个真实、立体的优秀共产党员形象。

本书编委会

2019 年 10 月

目　录

引 子

隐者酉水

一个十分偶然的机缘，我站在了一条名叫酉水的河流岸边。很多年以前，我就知道了这条有故事的河，只是无缘结识。曾经无数次想象过酉水的模样，也曾经无数次设想过见到酉水时，我将以什么样的状态出现在她面前。可是当我真正站到酉水岸边，眼前的酉水却让我如此安静。从山那边徐徐吹过来的风，清凉而柔和地拉开了夜色的朦胧；丝丝缕缕的曙光，从细雨的缝隙中挤了出来，给了我细致打量酉水的空间和视野。酉水无疑是从很远的山里奔流而来的，跋涉中少不了有泥沙俱下，甚至还有朽木杂陈，但是她却在雨中清清白白，澄澈可鉴；一路走来，酉水应该见识过纷繁的风景，或者还有多情的挽留，此时她却不动声色地向我款款而来。

恩施州的来凤县城，传说因凤凰翔集而得名，虽然深藏在武陵山的褶皱里，却也是一个可以滋养繁华的地方。酉水在穿城而过时居然没有被繁华所迷惑，而是很低调地静静流淌着，不仅没有半点儿铺排夸张，反而把自己约束得水面局促而狭窄，如果有一个高台让人立足，纵身一跃似乎就可以跳到对岸。这样的跨越很有趣，跨越者一步之间就从湖北到了河那边的另外一个省——湖南。这个空间位置是足以让酉水显摆一下的，可是酉水偏偏让那些喜欢喧哗的人大失所望。

面对这样的酉水，我自然而然想到老子所说的“上善若水”。老子说：“上善若水。水善利万物而不争。处众人之所恶，故几于道。居善地，心善渊，与善仁，言善信，正善治，事善能，动善时。夫唯不争，故无尤。”（《老子》第八章）

今人是这样注解“上善若水”的：上善的人，就应该像水一样。水造福万物，滋养万物，却不与万物争高下，这才是最为谦虚的美德。江海之所以能够成为万千河流的归宿，是因为它们善于处在下游的位置上，能纳百川而成为百谷王。

我虽不能幸遇老子得以聆听教诲，但是在这样地跨三省（市）的边境之地，幸遇酉水这样的河流，也是人生一件很惬意的事。跨越时空，我在酉水岸边静静地感悟。

酉水并没有因为我的到来有任何兴奋之举，任由我把头向左边尽量看过去，我注定看不到她的来路，因为不远处就是连绵的山；我把头向右边极力看过去，也看不到她的去路，因为不远处依然是连绵的山。一条真正的河流，是不会让人轻易看得清楚明白的。酉水的水底虽然也有着徐志摩笔下的水草飘摇，但是酉水是不会与康河去攀比的。在我凡俗的臆测间，沈从文的身影却从酉水里若隐若现而来。

沈先生是个修养到家的学者，对老子礼敬有加且性子中庸平和，但是他今天似乎要为酉水张目，对我侃侃而谈："若溯流而上，则三丈五丈的深潭皆清澈见底。深潭为白日所映照，河底小小白石子，有花纹的玛瑙石子，全看得明明白白。水中游鱼来去，全如浮在空气里。"我不禁有些困惑了：这不是从文先生《边城》里的句子吗？沈先生说："正是。《边城》里的'白水河'就是你面前的酉水。"我急不可待地询问："翠翠也在这里？"先生颔首，笑而不语。

自从《边城》面世之后，"翠翠"一直是个话题，一直是无数人寻找的对象。沈从文先生的心里无疑是有着"翠翠"的，其他人的心里也一定有一个自己的"翠翠"。在人们心目中，有了"翠翠"的酉水，才是一条浪漫的酉水。但是酉水自己却没有去理会人们的追寻，依然不舍昼夜地流淌着。生而成为酉水，她就注定要不屈不挠地向前向前，前方有什么样的风景抑或什么样的坎坷都不重要，重要的是自己既然选择了成为一条河，就要义无反顾地坚定前行。

天空依然飘着细雨，但是总也挡不住酉水的魅力。酉水如一个隐者，藏在武陵山系的大山中，却偏偏有徐志摩的水草十分摩登地在水底飘摇。水草间的鱼儿们穿梭着嬉戏，河底石子色彩斑斓地闪烁出光彩，似乎在提示我，只要是一条河流，即使隐在深山里，她也有自己的故事。除了“翠翠”，我想酉水应该还有其他的故事，而我此行就是冲着另一个富有传奇色彩的故事来的。

中华民族自古是一个英雄辈出的民族，寻找英雄，崇拜英雄，应该成为我们每个有良知的中国人的使命。我是一个英雄崇拜者，对于社会主义新时代重大发展机遇期充满了期待；“人民有信仰，民族有希望，国家有力量”的英明论断，更让我热血沸腾。在实现中华民族伟大复兴中国梦的历史进程中，我们既要追求物质财富的极大丰富，更要追求精神财富的极大丰富。强大的精神力量、丰润的道德滋养，是我们国家和民族实现伟大复兴的法宝。在这样的历史当口，我听从时代的召唤，来到酉水岸边，追寻一位老兵的足迹，感受英雄的非凡品质。

首先要感谢党和国家一个划时代的举措——成立退役军人事务部，让所有为新中国的建立、为祖国的安宁和繁荣作出过贡献的军人们，倍感荣光。正是有了这个机缘，人们才得知在偏远山区来凤县有一个叫张富清的老英雄，今年已经95岁了。在60多年的历史长河中，他把厥功至伟的荣誉锁在一个陈旧的皮箱里，他把荡气回肠的历史封存在记忆的深处。来凤人不知道张富清的英雄传奇，就连他的子女也不知道那些血与火的往事。我们慕名而来，可是当我们在大雨中翻山越岭抵达来凤时，却被张富清的家人告知，老人很正式地委托他们转告我们，同那些先他而去的烈士们相比，他没有任何显摆的资格，我们今天要记住的应该是那些革命烈士。

听到这个消息，我完全愕然了。这是一种何等宽广的胸怀，这是一种多么高尚的情操！如果没有坚定的信仰支撑，肯定不能达到这样纯粹的境界！有着这样信仰的英雄，一定是荟萃了我们民族最优秀品质的英雄，一定是我们这个时代最需要的英雄。他会给今天的我们留下一笔什么样的精神财富呢？

一夜无眠之后，我来到了从容淡定的酉水边。如果说酉水是一个隐者，几十年傍水而居的张富清老人，肯定是比酉水更有风范的"隐者"。沈从文先生笔下的酉水，也不是从来都波澜不惊的。风起处，酉水也会泛起涟漪；月明时，酉水也会拈花含笑；山寒日，酉水同样会形销骨立。张富清老人从陕西而来，在那里，黄河穿越黄土高原不舍昼夜直抵大海，才有了老子“上善若水”的中国哲学思想。张富清的家乡在陕西汉中，少年时期他也许没有目睹过黄河磅礴的奔流，但是他家乡的汉江也是一条大河，同样可以给他人生的启迪。《荀子·宥坐》记载：“孔子观于东流之水，子贡问于孔子曰：‘君子之所以见大水必观焉者，是何？’孔子曰：‘夫水，大遍与诸生而无为也，似德。其流也埤下，裾拘必循其理，似义。其洸洸乎不淈尽，似道。若有决行之，其应佚若声响，其赴百仞之谷不惧，似勇。主量必平，似法。盈不求概，似正。淖约微达，似察。以出以入，以就鲜絜，似善化。其万折也必东，似志。是故君子见大水必观焉。’”

孔子对于水的认知，让后人对水的理解更进了一步。这些哲人让中国的水具有了特殊的人文内涵，也让中国人树立了“以水为镜”的人生理念。

人们知道张富清是一个扛过枪打过仗的人，但几乎没有人知道，他是一个从死人堆里爬出来的人，更没有人知道这样一个讲着陕西方言的外来人深藏着的“秘密”。在来凤栖居 60 多年的时光中，熟知他的来凤人知道，除了工作，他平时最喜欢去的地方就是酉水岸边。没有人问过他为什么喜欢酉水，他也没对任何人讲过。当他们得知了张富清的事迹后，终于懂得了老人钟情酉水的原因。人们猜想着，月明星稀的夜晚，老人家面对酉水时，一定在告慰洒尽热血的战友们。今天的中国硝烟早已散尽，烈士们用鲜血染红的土地上盛开着美丽的鲜花，也许他在向烈士们倾诉自己浓烈的思念，也许他在不断告诫自己绝不能居功自傲！酉水仿佛一个睿智的长者，从远处来，从山岗的怀抱里来，来到张富清身边，用自己的行为诠释“上善若水”的真谛。张富清在漫长的聆听领悟中明白，做人应该心如止水，应该如酉水一样“上善”。于是，他与酉水为邻，以战友为镜，以信仰为旗，在静静流淌的岁月里，淡泊名利，坚守初心，默默践行一个共产党员对共产主义信仰不贰的忠贞。

酉水奔流，不舍昼夜。她用自己的“上善”之水，浸润了又一个深藏功名的“隐者”张富清。

张富清敬礼照（朱勇／摄）

上篇
枪林弹雨

张富清老人给所有见过他的人留下的都是文雅、朴实的知识分子形象。他的目光，如水一样平静，什么威猛强悍，什么枪林弹雨，什么死里逃生，似乎都不会与他沾边。我们辗转告诉张富清老人：战争年代，您是一名出生入死的突击队员，您用自己的勇敢无畏，激发了战友们冲锋陷阵的豪情；如今，在举国上下为实现中华民族伟大复兴的中国梦而凝聚人心的关键时刻，我们相信您在信仰的旗帜下，会再次站出来，成为社会主义新时代一名奋勇向前的“突击队员”！

对于有信仰的人，没有什么比信仰更有说服力，我们终于如愿以偿。

拜访老人家的时候，来凤县城大雨如注。我们在大雨中跳过一个个水洼，穿过一个大杂院，来到一幢建于20世纪80年代的老房子前，踏着逼仄的楼梯买到二楼。大门已经打开，局促的客厅里灯光并不明亮，一张谷黄色的沙发占据了客厅大约三分之一的空间，一位和善的老人坐在沙发上招手示意我们进去。我们一行七八个人，走进客厅，立即感觉转不过身来。老人尽量向着沙发的一端挪过去，把更多的空间腾给我们。沙发既不是真皮也不是绒质的，雨后的寒意让沙发透着微微的凉。坐在沙发上的老人，虽然努力挺直着身子，依然给我一个羸弱的印象。当年魏巍写出那篇让全国人民心动的《谁是最可爱的人》时，有一个比喻曾经让我十分钦佩：那些志愿军战士就像一株株淳朴的红高粱。我觉得用这样朴实无华的文字比喻志愿军战士的淳朴，不仅体现了魏巍细致的观察能力，而且生动形象地展示了志愿军战士的风采。然而，当我面对张富清老人的时候，我想到的不是淳朴的红高粱，而是小草。对！一株小草，一株让人司空见惯的小草。不管是风里雨里还是阳光下，小草虽然从来没有奢望过灿烂，但也从来没有放弃过追求向上的目标。小草终其一生，都把自己的茎叶努力而笔直地挺着，昭示着自己生命力的坚忍和顽强。我忍不住把身子弯下去再弯下去，几乎用接近跪着的姿势，用双手握住老人家的手，就像握住了自己父亲的手，说不出一句话来。

这哪里是一位驰骋疆场的勇者？分明就是自己的父亲，或者是隔壁家的叔叔伯伯。这双手怎么可能夺过敌人发烫的机关枪向敌人扫射？怎么能把手榴弹准确地投进敌人的碉堡里，让罪恶的火舌不再大发淫威？怎么能把敌人刺过来的刺刀抓在手里任鲜血流淌又刺向敌人？老人平静地望着我，眼睛里分明流淌着一条静静的酉水，只有温暖和慈爱，只有父亲对孩子的宽容和温情。这样的眼睛，当年怎么可能会喷出怒火呢？可是当我们把历史的迷雾一层层拨开之后，我们都由衷地以仰视的姿态，向老人恭恭敬敬地行一个注目礼。

老人的住房，用“蜗居”来形容恰如其分。房子很小，更没有奢华的装修，但是干净整洁，一切都井然有序。卧室的柜子上，有习近平总书记的著作，有党的十九大文件和相关的学习资料，还有一个笔记本，上面记载着简短的学习心得和感悟。从字里行间可以看出，这位95岁的老人从来没有放弃过学习，从来没有放弃过对信仰的忠贞。

我们询问老人的第一个话题是崇拜谁。当年的枪炮声让张富清的听力受到了伤害，但他还是听到了这个问题，而且第一时间回答我们：崇拜我们的司令员彭大将军！没等我们询问为什么，老人就自豪地告诉我们，毛主席专门为我们的彭德怀司令员写过诗，“彭大将军”的名号就是毛主席“封”给他的。说起这些的时候，老人眼中飞舞着神采，带着引以为荣的骄傲。老人接着说，就是因为崇拜彭大将军，他才在自己人生最重要的转折关头，报名参加了西北野战军，不但成为一名解放军战士，在战场上，还光荣地加入了中国共产党。

60多年的岁月之河静静流淌而过，销蚀了太多的惊心动魄和血雨腥风。现在几乎很少有人记得71年前，在一支解放军部队里有这样一个番号：西北野战军第二纵队三五九旅七一八团二营六连。人们也难以想象在那些惨烈的战斗中，有人从死人堆里爬了出来，到了一个遥远而陌生的地方，用几十年的无私奉献，续写着一个共产党员的无悔人生！如果不是十三届全国人大一次会议作出让历史记住英雄、成立中华人民共和国退役军人事务部的英明决定，张富清老人的英雄传奇或将湮没在浩瀚的历史长河中。

2018年11月，新成立的恩施州来凤县退役军人事务局要进行退役军人信息采集工作。12月初，时年56岁、曾任来凤县委政法委常务副书记的张健全，来到退役军人事务局提交他父亲当解放军的相关资料。几十年来，张健全作为张富清最小的儿子，一直很受父亲的喜爱，他知道自己94岁的老父亲曾经当过兵打过仗，现在是一位离休干部，但是父亲究竟打过一些什么仗，是否立下过什么战功，他都一无所知。带着支持政府部门工作的责任，张健全回家告诉父亲，国家专门成立了服务退伍军人的机构，要掌握所有退伍军人的历史资料，希望他积极配合。听了幺儿子的话，张富清老人沉思良久，在儿子的搀扶下来到卧室，从柜子上搬下来一个一尘不染的皮箱，再轻轻打开箱子，颤抖着双手，小心翼翼地从箱子里拿出了这样一些文物级别的宝贝：一本立功证书、一张报功书、几枚依然闪光的勋章。

看完眼前的一切，张健全当即目瞪口呆！他简直不敢相信，几十年来，他只知道父亲是一名退伍军人，是一个在很多岗位上一直默默奉献的干部，他做梦也不会想到，与自己亲密生活了大半辈子的父亲，竟然隐藏了这么多的秘密，是一位战功赫赫的大英雄！张健全说："因为我是幺儿子，自小父亲就喜欢我，可是他对我，也从来没有说过他是战斗英雄。"看到那些珍贵的历史见证时，他真想拥着父亲大哭一场，他真想向父亲行一个军礼表达敬意。但是，他什么都没有做，他突然明白，几十年来父亲从来没向他们提起过那些辉煌的往事，一定是他心中有太多太多刻骨铭心的记忆。他不想猛然间把父亲记忆的闸门打开，父亲毕竟是 94 岁的老人了……

2018 年 12 月 3 日下午临近下班时，来凤县退役军人事务局办公室。张健全一脸凝重地来了，他捧着父亲珍藏了几十年并且秘而不宣的宝贝来了。来凤县退役军人事务局的年轻干部聂海波，对那天的情景记忆犹新。张健全副书记揣着一个红包袱，十分郑重地来到他们的办公室，在他的注视下，一一拿出了那些珍贵的历史资料：一本立功证书，上面记录着张富清老人在解放战争时立下的战功——军一等功一次，师一等功、二等功各一次，团一等功一次，两次获得“战斗英雄”光荣称号。还有一张因永丰战役战功卓著被西北野战军记“特等功”的报功书。一枚西北军政委员会颁发的奖章，镌刻着“人民功臣”四个大字。那张颜色有点儿泛黄的报功书，由西北野战军司令员兼政委彭德怀签署。报功书的文字记录是：“贵府张富清同志为民族与人民解放事业，光荣参加我西北野战军第二纵队三五九旅七一八团二营六连，任副排长。因在陕西永丰城战斗中勇敢杀敌，荣获特等功，实为贵府之光、我军之荣。特此驰报鸿禧，并致贺礼。西北野战军（司令员）兼政委彭德怀，政治部主任甘泗淇、副主任张德生。中华民国三十七年十二月二日。”与立功证书一起的“副本”上有这样的记录文字：张富清 1948 年 11 月参加永丰战役，“带突击组，夜间上城，夺取了敌人碉堡两个，缴机枪两挺，打退敌人数次反扑，坚持到天明，我军进城消灭了敌人”。

看完张健全带来的材料，聂海波也深感震撼。他惊叹地说：“没想到我们来凤县里，还有这样一位战功卓著的大英雄！”被震撼的不仅仅是聂海波，老人的儿女们被震撼了，来凤县退役军人事务局被震撼了，来凤县的人们也被震撼了，新闻媒体和相关部门都被震撼了！人们怀着崇敬的心情，潮水一般来拜访老人，那套局促而陈旧的房子喧嚣起来，人们都想目睹这位充满传奇色彩的老人，究竟有着什么过人之处。就连住在同一栋楼房里的街坊邻居也惊讶了：这样一个行动不便的老人，这样一个慈善和蔼的老人，还是一个大英雄？！面对太多的疑惑和不可思议的目光，老人已经无法回避那些血雨腥风的岁月，不得不回到那些不愿意触碰的历史记忆中去了。

张富清老人深情地说，他是怀着对彭大将军的无限敬仰，报名参加中国人民解放军西北野战军，成为西北野战军第二纵队光荣的三五九旅七一八团二营六连的一名战士的。那个时候，正是敌我双方战况十分胶着的时候，他参军之后几乎不分白天黑夜都在打仗，到底打了多少仗都记不清了。因为他不怕牺牲，总是冲锋在前勇当“突击队员”，四个多月后就火线入党，成为一名共产党员。壶梯山战斗是老人记忆最深刻的战斗之一。随着老人的讲述，我们一起走进了壶梯山战斗，走进了枪林弹雨之中。

壶梯山位于陕西省澄城县境内，与黄龙山斜坡似断非断，似连非连，拔地而起，山顶海拔 1200 米。山顶上有一座突兀孤立、高 96 米的山峰，因形似水壶、状如阶梯而得名壶梯山。壶梯山是澄城县北沿山一带的制高点，也是连接陕北与关中的交通要道。地势险要的壶梯山，自古就是兵家必争之地。严格地讲，壶梯山战斗不是解放战争中的一场特别重大的战斗，却是一场十分关键的战斗。

进攻壶梯山的战斗是从拂晓开始的。张富清的连队是二纵的先锋连，必须冲在最前面。壶梯山的每一寸土地，几乎都在敌人的有效射程内，每前进一步，都要付出牺牲。只有在我军大炮轰击的短暂间隙，战士们才有可能向前突击几米的距离。地面进攻难度很大，整整进行了一个上午的激战，到中午 12 点左右，二纵各部队才分割包围了壶梯山周围国民党军外围的所有阵地，使守敌陷入各自为战、不能互相策应的被动局面。下午 4 时整，王震司令员认为总攻时机成熟，下达了对壶梯山发起最后总攻的命令。西北野战军第二纵队在第一纵队配合下，从北、西、东三面，同时向壶梯山发起猛烈进攻。王震司令员亲自指挥的三五九旅从北向南进攻，王恩茂副政委指挥的独六旅由西向东进攻，郭鹏副司令员指挥的独四旅由东向西进攻。壶梯山虽然只有 90 多米高，但是敌人居高临下，我军只能是正面仰攻，既很难靠近敌人，又很难避免伤亡，部队打得很艰难。前线部队决定改变打法，按照战前布置的机动战术，各分队之间相互策应，协同作战。有的分队只留几个人佯攻以吸引正面敌人的火力，其他战士分别去协助友邻部队侧攻敌伏地碉。

三五九旅七一八团二营是进攻的先锋队，负责攻击壶梯山大庙主阵地的东北端，张富清所在的六连是二营先锋队的尖刀连。战士们迂回曲折地前进着，牺牲了很多战士才突破了敌人的第一道防线。对敌第二道防线打得更是艰苦，攻击的战士们，躲过了这个地堡的射击，又被敌人另一个地堡的火力瞄准了。

在张富清老人讲述的间隙，我们小心地向他提出了一个不合时宜的问题：“你们当时就没有想到害怕吗？”老人似乎觉得我们的这个问题很奇怪，有些不理解地反问我们：“在那样的情况下，你有时间去想怕不怕吗？我们打仗，打的就是意志和勇敢，如果在战斗最为激烈的时候去想怕不怕，不要说战胜敌人，一个犹豫，自己早就完蛋了！”“打仗打的就是意志和勇敢”，这是一个战士很朴素的认识，却道出了共产党领导的军队为什么能克敌制胜的法宝。老人说，仗打到这个时候，连长已经打红了眼，他对战士们说，拿下第二道防线，胜利就在眼前，拿不下第二道防线，我们那些战友们就是白白牺牲了！我们现在只能奋勇向前，不怕牺牲，坚决拿下敌人阵地。连长说完，率先冲向了敌人的地堡。榜样的力量是无穷的，在连长的带领下，战友们一会儿跳起来奔跑，一会儿匍匐在地，接近了一个个地堡，炸毁了那些“拦路虎”，终于突破了敌人的第二道立体防线，攻下了靠近大庙的地堡群。

正当战士们一鼓作气，准备攻占大庙、迅速拿下敌人指挥部的时候，突然遭到敌人密集炮火的猛烈反击，部队不仅伤亡很大，而且几乎难以前进。一名突击队战士在战前要求入党，冲锋时他一直奋勇当先，冲在进攻队伍的最前面。他从被炮弹打穿的敌人工事中钻了进去，连投五颗手榴弹，打垮了敌军一个班，自己连续三次负伤。连长要把他转移下去时，他坚决地说："我绝不会下去的！只要我牺牲不了，就要继续冲锋，争取火线入党。"再次冲锋时，他被敌人的炮弹震昏了。可等他刚刚清醒过来，就又爬起来冲向敌人。其他六名战士，紧跟着他们的班长、排长冲在前面，班长和排长先后牺牲了，他们与后续部队也失去了联系，但是他们发挥自己单兵作战的能力，各自为战，勇敢地插入敌军阵地中，与敌人展开肉搏、冲杀，直到一个个倒了下去。看着战友们壮烈牺牲，张富清再也按捺不住站了出来，请求连长让他带一个突击组冲上去……

子弹呼啸而过，张富清好像进入了无人之境。他说，在战场上一旦冲了出去，就只有一个目标，只要不死，只要还能向前，就一定要冲上去消灭敌人。在其他战友的火力掩护下，他在枪林弹雨的空隙间穿行，辗转腾挪，迅速接近了敌人火力最凶猛的一个碉堡。张富清是一个在打仗时善于动脑筋的战士，终于接近了敌人的碉堡，这样的机会绝不能丢失，一定要彻底干掉这个碉堡！他瞅准碉堡里敌人火力喘息的机会，把手榴弹从敌人的枪眼丢进了碉堡里。就在手榴弹爆炸的瞬间，他如闪电一样，快速冲进去打死了碉堡里残存的两个敌人，顺势用缴获的机枪向敌人猛烈扫射，把敌人的火力压制下去了，巩固了阵地。碉堡被张富清占领后，进攻的战友们得以顺利前进，与兄弟部队一起缩小包围圈，向大庙发起了最后的猛攻。

混合着血腥气的硝烟，让鲜艳的战旗猎猎翻飞；西北野战军的战士们，在战旗的召唤下信心倍增，山呼海啸般奋力冲向敌军设在壶梯山最后的据点——大庙。其他阵地上的敌军看到大庙顶上招展的红旗，明白大势已去，心理防线顷刻间崩塌了，守敌乱了阵脚，四散逃命。张富清和他的战友们一起呐喊着“冲啊！杀啊！”从四面八方冲上了大庙，一举击败了国民党三十六师二十八旅最精锐的八十二团。混乱中，敌八十二团团长董文轩率领残存的数十名官兵，仓皇逃下山去。壶梯山阵地被拿下来之后，不可一世的国民党三十六师其他部队兵败如山倒。

深情讲述中，张富清老人按捺不住激动之情，几次都想从沙发上站起来，我们扶住老人，坚持让他坐在沙发上。我们从他脸上洋溢着的喜悦和自豪，从他眼睛里闪耀着的光芒，知道有一面红旗在他的眼前迎风飘扬，知道老人看到了敌人逃窜的狼狈情景。他兴奋地告诉我们，固守在其他阵地的敌军，看到壶梯山上飘扬的红旗之后，再也无力顾及什么友邻部队、指挥部制定的作战部署。他们各自溃散，沿着冯原到县城的公路一路狂奔逃命。西北野战军的战士们紧追不舍，把仇恨的子弹射向逃命的敌人。那些逃往冯原杨家洼方向的敌人，像一群群被猎人追赶的野兔，根本不管不顾道路两边硷畔、沟坡上的酸枣树长满了长刺，顺着硷畔、沟坡不顾一切地往下滚、往下跳。狼狈不堪的敌人逃窜之后，路边和沟坡上酸枣树上锐利的枣刺和叶子几乎都被溜光了。附近的村民后来戏谑说，这些反动派，在最后逃命时，为老百姓做了一件“好事”，他们不用小心那些尖利的酸枣刺伤人了，而是可以直接把这些酸枣树条砍来作糖条。

壶梯山战斗，涌现了无数英雄群体和战功卓著的战士。张富清因为一个人炸毁了敌人一个碉堡，缴获了一挺机枪、四箱子弹，击毙两个敌人，为大部队攻占壶梯山大庙堡垒扫清了前进障碍，立下师一等功。张富清自豪地说，他没有想到在壶梯山战斗中，彭德怀司令员在前线通过望远镜看到了他冲锋陷阵的身影。后来彭德怀司令员得知那个奋勇当先的战士是他，在视察二纵时，特意看望了他并同他亲切握手，对他的英勇善战给予了当面表扬，鼓励他继续发扬不怕牺牲的精神，多杀敌人，为人民多立战功。张富清说，彭德怀司令员是他心目中的英雄，能得到他的亲切接见和鼓励，是一件让他十分自豪的事。这也激励他在后来的战斗中更加不怕牺牲，每次战斗最危急的时刻，他总是作为突击队的一员，冲在杀敌最前线。

"那个时候，我们几乎是大仗、小仗天天都在打！我们每个战士都知道，解放战争已经进入到历史转折阶段，我们只有多消灭敌人，才能改变敌我双方的力量对比。国民党反动派是绝不会甘心失败的，他们依仗自己有武器优势和暂时的兵力优势，恨不得把我们一口吃掉。我们就必须以不怕牺牲的精神敢打敢冲，才能打败他们！”张富清老人笑着说，这些道理都是他们在部队休整时指导员和政委们告诉他们的。指导员要他们每个战士都明白，只有懂得了这些道理，打仗时才会更加勇敢。

壶梯山战斗之后，张富清又在东马村战斗中立了战功，成为二纵十四团六连的一名班长。有一次，他奉命带领一个班在临皋村附近执行搜索任务。搜索过程中，他突然发现前方有小股敌人在活动，马上意识到可能是敌人的侦察部队。他当机立断，指挥战士们分别抢占外围制高点，压制并封锁了敌人的火力，迅速干净彻底地消灭了敌人的侦察部队。这次与敌人不期而遇的战斗，规模不大但是意义很大，保障了临皋之战的顺利进行。解放军在临皋之战中大获全胜，与纵队首长的战术部署科学合理有关，与参战部队的英勇杀敌有关，而与张富清和他的战友们及时发现敌情并消灭敌人，抢得先机，不给敌人走漏消息的机会有着更为重要的关系，因此纵队首长又为张富清记师二等功一次。

张富清老人说，在那些大大小小的战斗中，永丰之战是壶梯山之战后发生在西北战场的又一场恶战，也是让他一辈子刻骨铭心的最壮烈的战斗，几十年过去了，回忆起来心里依然疼痛难忍。在永丰战役中，张富清再次以不怕牺牲、冲锋在前的英勇作战，诠释了突击队员的含义。或许这场战斗太惨烈，给老人留下的记忆太悲壮，老人家不得不长时间地陷入停顿，闭上了双眼。时间在我们对老人的注视中过了很久，一阵轻风从西水那边吹拂过来，把老人家客厅的窗帘掀起了一角，也把老人悲情的记忆轻轻展开。那是 1948 年的 11 月——老人缓缓进入了回忆之中。

永丰镇位于陕西省蒲城县东约 30 公里处，属渭北黄土高塬沟壑区，地形复杂，地貌独特，山、水、川、塬兼备。东邻澄城县韦庄镇，西以洛河为界与东陈镇相邻，南与大荔县段家镇相连，北接澄城县的交道镇。三面依塬，一面系水，东高西低，中部平坦，形成盆地，素有“永丰川”之称，地理位置十分重要。

敌七十六军军长李日基，坚信永丰古城老城墙的坚固，把自己的军指挥部设在古城内，妄图凭借古城墙和新修的工事负隅顽抗。

张富清作为永丰战役最前线作战的突击队员，每一个细节他都难以忘怀。他在血与火的回忆中，向我们再现了战斗的惨烈。他说，对永丰镇发起总攻的时间是 11 月 28 日凌晨 3 点，他们团再次担当了二纵的先头部队。那场战斗似乎永远定格在张富清老人的脑海中。老人的大脑里就像储存了一张张照片或者一帧帧电影画面，一切都记忆犹新："永丰战役已经过去好几十年了，可是那天夜里的战斗，那天牺牲的战友们，一直在我的脑海里不断出现。"

张富清神情凝重地回忆说："那场战斗，我们连牺牲的连长就有八个，牺牲的排长肯定更多。我当时是一个班长，战斗中，连长叫什么名字我们还来不及知道，就又换了新的连长；激烈的战斗让一线的连长、排长都牺牲了，新上任的连长看我十分勇敢，火线提拔我为西北野战军第二纵队三五九旅七一八团二营六连副排长。当了副排长，可是我不知道排长是谁，也不知道排长在哪里，更不知道排里还有多少战士。但是我知道，党和人民需要我更加英勇冲锋的紧要关头到了。我毫不迟疑地带上手榴弹和炸药包，示意我身边的两个战士跟随我冲向了永丰城北面的城墙，那里有两个碉堡的火力最猛。要登上城墙却没有云梯，我们在城墙下从下往上观察了一下，觉得只有抠住城墙的墙缝才能爬上去。我和两个战士一边观察着敌人的火力，一边抠着城墙的缝隙小心翼翼地爬上了城墙。爬到城墙上向下一看，城墙内密密麻麻地挤满了敌人，正举着枪向城墙上盲目射击。子弹嗖嗖地从我们头顶飞过，我对两名战友叫了一声'跳下去！'四米多高的城墙，身上还有三四十公斤的负重，我的脑海里闪过一个念头：这样跳下去很危险，成功了就奋勇杀敌，不成功即使牺牲了也是光荣的，为党为人民牺牲是一个战士的责任。我刚刚转过身立足未稳，就看到很多敌人正从四面八方向我包围过来，我端起冲锋枪一阵猛烈扫射，一下子打死了七八个敌人。"

老人的思绪随着记忆进入到了久远的战场。他用手下意识地摸了摸自己的头，继续讲述着："交火的时候，我感觉到自己的头好像被什么东西猛砸了一下，当时我不敢也不能用手去摸一下，只是一个劲儿地向敌人开火，开火，不停地开火。因为只要我不开火，敌人就会把我干掉。眼前的敌人终于被我消灭了，我忍不住用手摸了一下头和脸，发现头上有很多血，鲜血已经流到脸上了。原来，是一颗子弹擦着我的头顶飞过时，把我的一块头皮掀起来了……”老人取下头上的帽子，摸着头说：“那颗擦着我的头飞过的子弹，在我的头顶留下了一道永远的凹痕。多年来，总有人疑惑地问我，为什么一年四季都一直戴着帽子，是不是怕冷。今天我告诉大家一个‘真相’吧，我一年四季几乎都戴着帽子，不是因为怕冷，而是因为头部的创伤留下了后遗症，风吹了疼，雨淋了疼，变天时更疼。”

我们仔细看过去，张富清老人的头上果然有一道凹痕。老人戴上帽子继续回忆：“城墙外，战友们在一次又一次地发起冲锋；城墙内的碉堡里，敌人凭借这个火力最猛的堡垒进行疯狂射击。我明白，必须立刻炸掉眼前的碉堡，它多存在一分钟，就会有更多的战友牺牲。”张富清老人做了一个用手擦脸的动作，“我飞快地把脸上的血擦了一把，逼近了敌人的碉堡。一开始，我打算直接把炸药包贴着碉堡放下再引爆，但是觉得威力可能不够。想了一下，我迅速用刺刀在碉堡底下刨了个洞，把八颗手榴弹和一个炸药包绑在一起，果断拉响了手榴弹。一声巨响中，敌人的碉堡飞上了天。”在第一个碉堡爆炸时，因为八颗手榴弹和炸药包绑在一起，威力太大，敌人的碉堡飞上天时，城墙也被炸开了一个缺口。张富清自己也被爆炸的气浪掀翻在地，耳朵突然听不到声音了，但是他很快从地上爬起来，趁敌人慌乱的瞬间，又扑向了第二个碉堡，一鼓作气地把第二个碉堡也干掉了。他把在壶梯山攻坚战时占领敌人碉堡，抢夺敌人机枪的本事又用到了这里。他端起敌人的机枪，打得敌人四处逃散。战友们从他炸开的缺口蜂拥而上，潮水一样冲进了永丰镇。老人的脸上泛起了红光，用双手比画着用机枪扫射敌人的动作。“那是一次十分激烈又艰难的战斗，我从凌晨 3 点部队发起进攻时开始猛冲猛打，直到天亮时大部队占领永丰镇，我完全打红了眼，也不知道自己哪里又受了伤，一刻也没有停止过射击。好在战场上敌人丢下的武器弹药很多，只要看到哪里有敌人的火力点，我就向哪里冲。”永丰战役，张富清一个人炸毁了敌人两座碉堡，消灭的敌人无法统计，还缴获了敌人两挺机枪。张富清不知道，他用八颗手榴弹和一个炸药包绑在一起炸掉的碉堡，是永丰城守敌最顽固的一个碉堡，炸掉这个碉堡是对敌人最致命的一击。那次爆炸的威力太猛烈，让张富清的耳朵受到了强烈冲击，从此耳朵不再好使了。战斗结束后，他得到了由彭德怀司令员签署的报功书，被西北野战军记为特等功。后来他几次见到过彭德怀司令员，每次彭德怀司令员见到他，就会亲切地拉着他的手说："你在永丰战役中表现突出，勇敢杀敌，立了大功啊！希望你不断立功，不断立大功！"

面对自己获得的那些荣誉，张富清说："英勇杀敌是一个战士的责任，可是党和部队却给了我太多的光荣，应该得到奖励的，恰恰是那些牺牲了的烈士们，而幸存的我却得到了太多的荣誉。"几十年来，张富清常常怀念那些牺牲的战友，尤其是跟随他爬上城墙的两个战士。老人内疚地说："那两个战友肯定知道，跟着我出发了回来的机会很小，等待他们的很有可能就是牺牲。但是我只用眼神对他们示意了一下，他们没有半点儿犹豫就跟着我出发了。他们还那么年轻呀！战斗结束后，我到处寻找他们，连遗体都没有找到。他们叫什么名字，家住哪里，到现在我也不知道！几十年过去了，每当夜深人静想起那些壮烈牺牲的战友们，我的心里就隐隐作痛。这么多年来，心里难受的时候，我就会来到西水边，向西水说说我的思念，也问过西水是否知道那两位那么年轻的士兵叫什么名字，问西水是否知道我的那些牺牲的战友们的家人，是不是也在寻找他们。可是西水从来只是安静地向前流着，不回答我的问题。我只能安慰自己说，战友们的鲜血没有白流，正是因为有了他们的牺牲，我们才有了今天的幸福生活，我们的国家才有了今天的富强，人民永远不会忘记他们。今天，人们对我不理解，不断向我提出这样一个问题，六十多年来，我为什么要把自己的功劳隐藏起来。说句心里话，没有经历过刹那间生死考验的人，永远也体会不到失去亲人一样的战友，是一种多么深刻的悲痛。对比那些牺牲的先烈，我们活着的人是多么幸福啊！我们还活着享受着这样幸福的生活，我们有什么理由显摆自己？又有什么理由向党和人民提出满足个人私利的无理要求？”

静静流淌的酉水，你真是永远这样静静的吗？在张富清老人几十年对你的真情诉说中，你有没有被如此可歌可泣的讲述打动过呢？

老人讲述到这里的时候，眼里已经噙满泪水，几次泣不成声。人们无法想象，几十年来张富清老人的内心承受了多大的压力，现在人们应该明白了，老人为什么要把自己显赫的战功隐藏在记忆的深处。

永丰战役是一次让张富清老人刻骨铭心的战斗，也是老人几十年来默默奉献的动力。

新中国没有忘记英烈们，中国人民没有忘记英烈们。永丰战役结束十周年的 1958 年，中共蒲城县委、县人民政府为纪念在永丰战役中牺牲的烈士们，满怀敬意修建了永丰革命烈士陵园。1987 年 8 月，永丰革命烈士陵园被列为陕西省省级重点烈士纪念建筑物保护单位。据永丰战役革命烈士纪念馆碑墙上的铭文记载：1948 年，西北野战军对胡宗南部于永丰镇曾进行过两次攻坚战。10 月 5 日至 7 日在荔北战役之永丰战斗中，于该镇全歼敌一个团，活捉团长张泽民；11 月 26 日至 28 日冬季攻势之永丰战役中，于该镇全歼敌七十六军，活捉敌军长李日基。

70 多年的硝烟已经散尽，今天的永丰镇，完全是一片祥和而繁荣的景象，人们已经很难找到那场战役留下的更多痕迹，只有永丰革命烈士陵园静静坐落在蒲城县以东 25 公里处，永丰镇西北洛河东岸，可以供人凭吊和缅怀。永丰革命烈士陵园占地面积 3 万多平方米，建筑面积 1450 平方米，园内松柏成荫、四季常青。陵园大门的正面，由王震将军亲笔题写的“永丰革命烈士陵园”八个大字嵌刻在大理石上。陵园中央的烈士纪念厅里，陈列着部分在永丰战役中牺牲的烈士的衣物、使用过的枪炮以及烈士们生前的生活用品等遗物，还有部分图片资料和少数烈士的事迹简介。每年清明节，周边的学生和居民，都会自发来到这里缅怀凭吊，感受烈士们当年壮怀激烈的英勇。纪念厅后面，巍然屹立着永丰战役革命烈士纪念碑。纪念碑设计蕴含了丰富的历史意义：碑高 19.48 米，是为了纪念永丰战役发生在 1948 年；碑体中央和左右两旁排列的五层平面，代表着当年参加永丰战役的西北野战军 5 个纵队，正中镌刻着当年西北野战军第二纵队司令员王震将军题写的 12 个金色大字——“永丰战役革命烈士永垂不朽”；碑座正面镶嵌着宽 4 米、高 1.4 米的巨型青石碑文，东西两端分别镶刻的《攻城》和《巷战》两幅大型浮雕，再现了当年永丰战役的壮烈场面和人民解放军的英姿雄风。如果我们仔细寻找，也许会从浮雕上看到张富清老人和他苦苦寻找的战友们的雄姿。如今，在烈士陵园广场的宣传板上，有张富清老人的先进事迹介绍；纪念馆的电子设备里下载有张富清老人的视频报道，供参观者学习。

我们不妨来简略梳理一下张富清参军一年多的立功记录：在壶梯山战斗中，因为炸毁了敌人一个碉堡，缴获了敌人一挺机枪和四箱弹药，消灭了两个敌人，获师一等功；入伍不到四个月，作为十四团六连一名新兵战士，带领一个六人的突击组，在东马村消灭外围守敌，占领敌人一个碉堡，为后续部队顺利进攻打开了缺口，他自己负伤不下火线，坚持战斗，固守了阵地，获团一等功；任十四团二营六连班长时，在临皋执行搜索任务，与小股敌人不期而遇，迅速指挥战士占领外围制高点，压制敌人并封锁火力，成功截击和消灭了敌人，获师二等功；永丰战役中，炸毁了敌人最顽固的碉堡，扫清了部队进攻的最大障碍，获军一等功。从1948年3月入伍，到1948年年底，张富清在半年多的时间里，先后炸毁了敌人四个碉堡，缴获了敌人三挺机枪、数箱弹药，击毙敌人数十个，四立战功。这些功劳，都是他冒着随时都会牺牲生命的危险换来的。每一次战斗的时候，张富清都把生死置之度外，都是最勇敢地冲在最前面的“突击队员”。

老人告诉我们，他们心里都明白，战场上枪炮没长眼睛。什么是“突击队员”？战斗最激烈时，冲在最前面可能最先牺牲的人就是“突击队员”。“突击队员”，其实就是“敢死队员”！但是他们并没有因为“敢死”两个字而胆怯，反而觉得很光荣很自豪。生死关头，大家都会勇敢地站出来，把自己能当上“敢死队员”当作一件很光荣的事，当作自己能否成为一名共产党员，接受党的考验的机会。这样的战士，在野战军司令员心中有地位，完全是情理之中的事。后来又经历了多少次战斗？老人说，从 1948 年冬季攻势开始，部队几乎天天都在打仗，自己记不清打了多少仗，消灭了多少敌人，还立过什么功。老人说，这些都已经不重要了。在他喝一口茶短暂休息的时候，我们谨慎地问他：你们知道当“敢死队员”活下来的机会很小，还要抢着去当，你们真的不怕死吗？老人静默了一小会儿，从容地说：“任何人都不愿意去死，但是我们在入党时，曾举起自己的右手对着党旗庄严宣誓。一旦宣誓，我们就要为誓言付出包括生命在内的一切。”听了这样纯朴的回答，我们每一个人对英雄的崇敬都无以复加。在老人的心中，没有什么，比为党和人民牺牲更崇高更光荣；没有谁，比逝去的战友更值得他尊敬。党旗下的誓言，就是他此生不渝的初心。打垮国民党反动派，推翻蒋家王朝，解放全中国，让劳苦人民过上不受欺压、有吃有穿的幸福日子，就是他们不怕牺牲、勇往直前的最大动力！

“当上了解放军战士，打了几仗后，我逐渐明白了为什么国民党总是打败仗。在西北野战军中，指导员们利用一切机会给战士们讲道理，让每一个战士都明白，我们为什么要打仗，我们在为谁打仗，今后战争胜利了，老百姓会过上什么样的好日子。这些道理让我们懂得了我们是在为自己打仗！他们不是空讲道理，打仗时，冲在前面的都是共产党员和连长排长班长们，彭德怀司令员和我们二纵的王震司令员也会在战斗最激烈的时候，来到最前沿指挥战斗。”张富清老人讲到动情处总想站起来，他用手比画着，“我总算过上了不受欺压的日子，总算可以挺起腰杆子做人了。我就想，我也要加入共产党，也要立功，要多消灭过去欺压贫苦百姓的国民党反动派，为像我家一样的穷苦人家过上好日子冲锋在前。我把自己的想法对连里的指导员说了，指导员说，要加入共产党是好事，但是必须在战场上冲锋在前，不怕牺牲，用自己的行动来证明自己。听了指导员的话，我心里就只有一个念头：‘我要成为共产党员，我一定要不怕牺牲，冲锋在前！’”凭借这样坚定的信念，张富清入伍后仅四个多月，就因为接连执行突击任务，作战勇猛，在战斗最激烈的时候，在枪炮声中，光荣地加入了中国共产党。

信仰的种子，从此埋进了他的心中。为人民谋幸福，从此成为他毕生的追求。历经一次次血与火的考验，张富清脱胎换骨，为谁打仗、为什么打仗的信念在他的心中愈发坚定。

在张富清老人讲述时，我突然想到了陈毅元帅的一首诗：“投身革命即为家，血雨腥风应有涯。取义成仁今日事，人间遍种自由花。”是崇高的信仰，让张富清浴火重生。血雨腥风，把一个饱受屈辱的人历练成坚定的革命战士；枪林弹雨，把一个满怀仇恨的人锻造成高尚的共产党员。

战争坚定了张富清的革命信仰，也给张富清留下了累累伤痕。几十年了，只有张富清的老伴孙玉兰知道，他的右腋下被燃烧弹烧过后，留下了黑乎乎的一大块印记；脑壳上面，至今还陷下去一道缝；一口牙齿都被枪弹震松；耳朵至今听力不好；左手拇指关节下，一块骨头一直向外凸着，那是手指头负伤后包扎太简单，骨头变形，从此回不去了。张富清嗔怪老伴："这有什么值得说的呢？同那些烈士们比，我还活着，还过着这样好的日子，多么幸运，多么幸福啊！"这些伤痕，他和他的老伴，过去从未对人说过，他的孩子们也不知道。孩子们一直很纳闷：父亲当过兵打过仗，怎么没有什么纪念品，只把一个搪瓷缸子当作宝贝一样珍爱着呢？那个缸子是 1954 年"全国人民慰问人民解放军代表团"开展慰问活动时，上级颁发给张富清的。这只补了又补的搪瓷缸子，几十年一直被张富清摆在一个触手可及的地方。搪瓷缸子的一面描绘着天安门、和平鸽，一面写着：赠给英勇的中国人民解放军——保卫祖国、保卫和平。65 年的摩挲，65 年的凝视，如今有些斑驳的搪瓷缸子，再也不只是一件生活用品了。它能让老人永远记住自己是一名军人，自己要永远不忘那些血与火的洗礼，要永远记得那些倒在敌人炮火下亲如兄弟的战友；它能让老人时时感受到祖国和人民给予他们的尊重和敬意；它能让老人在每次凝视缸子上的天安门时，更坚定一个共产党员的初心和使命。

面对这样一只搪瓷缸子，面对珍爱着这只搪瓷缸子的主人，“上善若水”从我的心底跃然而出。静静流淌的岁月如上善之水，她可以沉淀过眼烟云，可以滤去浮躁和喧嚣，让心有所寄的人执着地坚持自己的操守，从而成就一个高尚的人，一个淡泊名利而纯粹的人，一个对自己崇高信仰追求无怨无悔的人。我终于明白了张富清老人为什么那么钟情西水，因为西水让他的心宁静而致远。我便幻想着假如可能，我愿意搀扶着张富清老人，同他一起来到西水岸边，什么也不用说，就让岁月静静流淌而去，然后让淡泊与宁静在我们心底汪成一泓碧水。

1949 年 9 月，全国大部分地区已经解放，新中国也将宣告成立。但是战争让中国百废待兴，一切敌对势力绝不甘心失败。党中央未雨绸缪，决定派遣人民解放军一支特别优秀的正规部队进军新疆屯垦戍边。中央把这个光荣又艰巨的任务，交给了既英勇善战，又有“南泥湾”大生产光荣历史的王震将军，由他率领第一野战军第一兵团先头部队进入新疆。1949 年，新疆虽然和平解放了，但是各种势力依然在新疆各地纠缠不休，造成了新疆地区社会、经济的极其不稳定。按照中央要求，第一野战军进入新疆有两大重要任务：一是继续剿灭土匪特务，维护社会稳定；二是在荒漠上修筑营房，屯垦开荒，为国家提供足够的粮食。

进军新疆的大军，张富清名列其中。从陕西到新疆，从打仗到垦荒，完全是两种不同的生活环境和工作方式，但是在王震将军的率领下，这支从万里长征走过来的英雄部队，没有任何怨言。进军新疆的道路很漫长，风沙、戈壁、荒漠、严寒，加上国民党的残余武装、地方反动武装不断以武力骚扰，部队面临着极大的考验。

1949 年 10 月 1 日，新中国在北京宣告成立！张富清和他的战友们正跋涉在进军酒泉的戈壁滩上，不知道这个极具历史意义的天大的好消息。两天后，他们终于听到了这个让人振奋的消息。战友们欣喜若狂，有的把枪高高举起大声呼喊：“新中国成立啦！中国人民站起来了！”有的抱在一起流下了激动的泪水，有的甚至在戈壁滩上扭起了秧歌，完全沉浸在幸福中。沉寂了千万年的戈壁滩，伴随着战士们的兴奋与激动，涌动着滚滚的激情。

新中国成立的第五天，第一兵团在酒泉召开进疆誓师大会，兵团首长号召部队要把我们的五星红旗，插上帕米尔高原。酒泉至喀什，2500多公里路，要穿越戈壁瀚海，翻越雪山峻岭。当时，新疆没有铁路，公路状况也很差，行军主要还是靠铁脚板。部队里的老战士们说，他们这支部队，从西北到新疆，走了第三次“长征”。为了鼓舞士气，张富清和战友们在行军途中，经常高唱用王震司令员的诗谱写的战歌：“白雪罩祁连，乌云盖山巅。草原秋风狂，凯歌进新疆。”这激昂、欢快而嘹亮的战歌，让张富清浑身充满了力量。

部队进入新疆后，张富清作为战斗骨干调入第一野战军第一兵团第二军教导团，在吐鲁番进行冬季休整。过完新年，教导团徒步1600多公里，于1950年三四月间到达喀什。张富清说，虽然长途跋涉很辛苦，部队给养也没有根本改善，但是他已经很知足了。因为到哈密后，他们再也没打过光脚板。每个战士不光有了新军鞋，还有了新军装。吃饭可以用碗了。老人笑着说，在西北打仗时，尤其是在长途奔袭中，每次开饭，炊事员都是把食物往他们的军帽里或者衣服口袋里装，或者用几片树叶裹一裹递给他们，让他们边走边吃。

没有了枪林弹雨，生活环境也有了改善，战士们都知道，更加艰苦的垦荒工作还没有开始，更多的困难在等着他们。教导团到疏勒地区后，正式开始一边开荒，一边建营房。在叫“大草湖”的荒原上，张富清和战友们搭起帐篷，把犁铧套到肩膀上，以人代牛，用闪亮的犁铧，犁开盘根错节的草地，犁开了新疆生产建设兵团崭新的历史，让沉睡了千万年的荒原从梦中醒来。

新疆屯垦戍边虽然源远流长，而且在历史上也创造过许多辉煌，但是在反动军阀的统治下，从1944年到1949年，北疆屯垦事业遭到极大的破坏，南疆屯垦更是陷入瘫痪。新疆经济是以农牧业为主体的自然经济，生产力水平非常低下，生产方式十分落后，发展处于停滞状态，人民生活贫苦不堪。为巩固边防、加快发展，减轻新疆当地政府和各族人民的经济负担，王震将军号召驻新疆的中国人民解放军每一个战士，继续发扬在西北打垮国民党反动派的精神，继续发扬延安的“南泥湾”精神，克服一切困难集中精力投入到生产建设中去。在南泥湾开展得轰轰烈烈的大生产运动，又在新疆的戈壁荒原上掀起了新的高潮。“花篮的花儿香”的歌声，从延安的山山峁峁，随风飘散到新疆的蓝天白云之上，战士们不辱使命，在歌声中努力生产，创造了令人惊叹的奇迹！ 1950年，有十多万之众的第一野战军驻疆将士们，当年开荒生产，当年实现了粮食大部分自给，食油蔬菜全部自给。1953年初，张富清和他屯垦戍边的战友们，已经完成了从当兵打仗到开荒生产的角色转换，在新疆广袤的原野上掀起了大生产运动的新高潮。

历史又走到了一个重要的节点上。西北野战军的老司令员彭德怀在朝鲜战场与敌人浴血奋战，敌我双方的战斗进入白热化。此时，中央军委决定从全军部队抽调有作战经验的连职以上军官到北京集合，让他们放下锄头，重新拿起武器奔赴朝鲜战场。张富清听到这个消息后热血沸腾，主动请缨，表示坚决听从祖国的召唤，抗美援朝，打败美帝。当他们斗志昂扬，从新疆一路艰辛跋涉到达北京时，朝鲜战场传来参战各方准备签订停战协定的消息，已经集结的将士们，只好接受军委的统一安排，被部队送到解放军防空部队文化速成中学学习深造。张富清的人生，从此真正“暗淡了刀光剑影，远去了鼓角争鸣”，开启了新的征程。

从枪林弹雨中走出来的张富清，他人生的河流会经历什么样的风景，将战胜什么样的艰险，流向何方？

张富清年轻时着军装照（朱勇/翻摄）

中篇

有凤来仪

1949 年秋，第一野战军第一兵团让新疆的戈壁滩飞沙走石。红旗漫卷之处，战士们斗志昂扬。张富清和他的战友们如滚滚铁流，离开洒满热血的西北高原，离开故乡熟悉的山水和亲人，去遥远的新疆开辟“屯垦戍边”的第二战场。

1949 年 11 月 9 日，一组长镜头从新疆缓缓摇过来，定格在张富清完全陌生的武陵山区的一个褶皱里。人民解放军第二野战军第十一军势如破竹，很快占领来凤县。大部队乘胜进军，由咸丰进入四川、贵州，追击残敌。留下部分军人和政工人员，成立了来凤县临时人民政府，由二野教导团干部大队政委杨汉中暂时留下代理县长。

1950 年春，在新疆的皑皑雪原上，张富清和他的战友们从风沙滚滚的地窝子里爬了出来，忍饥挨饿，顶风冒雪，在茫茫戈壁滩上挥汗如雨，播下希望的种子；与此同时，远在天边的来凤县新生的人民政权，正在经历解放后最严峻的土匪暴乱。解放军占领来凤以后，过去的匪首、团阀、恶霸、地主不甘心失败，要与新生的人民政权作生死较量。当时，在来凤活动的大股土匪有瞿波平、彭雨清等，还有向受伯、覃介民等团阀、民国旧政权代表人物，其中以瞿波平势力最为强大。瞿波平系湘鄂川黔边匪首，长期在湖南的龙山、湖北的来凤等地活动，作恶多端。瞿波平早先在堂兄瞿伯阶手下为匪，瞿伯阶受国民党湖南省政府主席程潜招安后，被委任为国民党新编第十师少将师长，瞿伯阶死后，瞿波平继任师长。解放军解放来凤以后，瞿波平部随国民党军往四川逃窜，中途被解放军追剿，不得已又返回龙山老巢。

1950 年 5 月下旬，土匪头子瞿波平、杨树臣率部集结在川楚交界的白岩山下，会合向受伯、田彩臣等土匪残部，聚众千余，企图进犯来凤大河坝。解放军来凤县大队获悉大河区中队的敌情报告后，急电恩施军分区。军分区考虑到匪军势大，急调咸丰县大队星夜从甲马池开到大河坝会剿。 5 月 30 日，土匪以三倍兵力进攻我军阵地。激战中，我军一排阵地失守，副排长宋名厚和几名战士阵亡，连长张国栋身负重伤。咸丰县大队余秀荣大队长命邓金义接替张连长指挥战斗。战斗十分激烈，咸丰县大队一连伤亡已达 50 多人，全连仅余 300 多发子弹、14 枚手榴弹。危急关头，来凤县大队一连从正面进攻匪部，连连取得胜利；二连在李光锁副大队长指挥下，从麦子坡攻上猴立堡，从另一侧向冉家坡主峰进攻。咸丰县大队在余大队长亲自指挥下，将二连一个排调至一连前沿阵地，向敌主峰侧击。在我军钳形攻势下，匪徒全面溃退，我军一鼓作气乘胜追击，匪首田彩臣右臂中弹，仓皇逃跑，匪众抱头鼠窜。新生的来凤县人民政权，经受住了第一次严峻的考验。

我们不妨把长镜头再次对准新疆。6 月的新疆，在张富清和他的战友们的精心打理下，无边无际的原野上，绿浪翻滚，百花呈怒放之势，屯垦戍边的战友们开始憧憬收获的喜悦。

新疆，来凤；来凤，新疆——对于张富清来说，完全是两个毫无关联的地方。

来凤地处武陵山腹地，境内酉水河纵贯，武陵山余脉横亘。这里的山，如华山一样雄浑险峻；这里的水，如漓江一样清澈幽深。从上古时代起，土家人的祖先巴人就在这里繁衍生息，以后又经历漫长的土司时期，创造和保存了光辉灿烂的民族文化，来凤可以说是湖北省土家族特色文化最浓郁的地方。

关于来凤的地名由来，史书上赞美其“有凤来仪”。清同治版《来凤县志》载：“翔凤山，县东三里，山形耸拔，如凤舒翼，故名。”又载：“雍正年，凤鸣于半边城。半边城在城东半里，即翔凤山也。土司时，相传有凤集于此，邑后因之得名。”

清雍正十三年（1735年），于执中成为来凤改土归流后的首任知县，他请高人到处踏勘县城地址，最后选中西水河谷平原中部建立县衙。该处一马平川，西水河、老虎洞河环绕，中有一小山独耸于平原之上，山上土地平旷，古木参天，清泉长流，极为清幽。更为奇特的是，民间相传雍正年间某天清晨，有金凤从远方飞来，见此处风光绝佳，遂在此降临栖息，然后展开五色凤尾，神光漫延天地，与朝霞辉映，映得天地流光溢彩。金凤时时引颈长鸣，声闻九天，然后在此涅槃，身躯融入山体，使整座山形如凤凰舒翼，凤头、凤身、凤尾清晰可辨。清乾隆元年（1736年），新君即位，知县于执中便以土家族“凤凰翔集，声鸣九天”上奏，乾隆闻此龙心大悦，御赐县名“来凤”。

在新疆屯垦的张富清，压根儿不知道中国有个来凤县，更不知道来凤县还是一个有“来头”有故事的县。此时，身处新疆的张富清心里装着的愿望是多流汗水，多生产粮食、棉花和蔬菜，多为新中国作贡献，这就是最大的幸福。张富清做梦也想不到，他人生的河流，即将穿越崇山峻岭，汇聚到西水之中，润泽这片苍茫的大山。

1954 年 12 月的武汉，虽然没有新疆那么寒冷，但是从长江江面吹过来的风也透着浓浓寒意。从军委武汉防空部队文化速成中学毕业的张富清，已经是三五九旅的三连职军官，一年多的文化学习让他更加成熟和沉稳了。新中国的经济建设开始步入正轨，全国各地需要大批优秀的共产党员投身其中，他所在的部队也面临调整，要抽调优秀干部去地方支援经济建设。多次立功、身体有伤的张富清，可以留在武汉或去往其他大城市工作，也完全可以选择回老家陕西，与相爱的姑娘孙玉兰结婚，过自己幸福的小日子。南征北战多年的张富清，自从参军后就再也没有回过故乡，1954 年在武汉学习期间，经部队批准才回到陕西洋县老家探亲。六年了，村里人都以为张富清已经不在人世了，等他回到家乡大家才知道，这位战功赫赫的英雄还活着。与张富清同村的共青团员、妇女主任孙玉兰，得知张富清的英雄事迹后，深深爱上了这个比自己大 11 岁、英俊挺拔的战斗英雄。

探亲结束回到武汉，张富清面临转业，他可以选择留在武汉或去其他大城市发展；可以选择回陕西老家；也可以响应党的号召，到祖国最需要的地方去。面对这些选择时，母亲和孙玉兰的身影突然出现在眼前：在陕西洋县老家的那个村子里，母亲正在深切盼望着儿子回家团聚；孙玉兰正满心期待着心上人转业回到家乡，一起过幸福生活。是走还是留？入党誓言又一次在张富清脑海里响起，他对自己说："我在入党时说过，为了党和人民可以牺牲自己的一切，组织上又专门培养我读书学文化，就是为了让我为革命作出更大的贡献，我有什么理由不接受祖国的挑选，回家过自己的小日子呢？"他把自己面临的情况和已经作出的选择告诉了孙玉兰，希望她能够理解。孙玉兰在简短的书信中告诉张富清："我爱的是你对党的忠诚，你到哪里，我就跟随你到哪里！"得到孙玉兰这样的回答，张富清喜不自禁，马上找到组织表明态度，坚决留下来参加湖北的经济建设。他还询问，在湖北，什么地方最艰苦，得到"在湖北，恩施地区最艰苦，最缺人去建设；在恩施，来凤县最偏远、最困难"的回答后，他坚决地说："让我去恩施来凤吧。"有人问他："你是功臣，为什么要远离家乡去深山里呀？”张富清的回答掷地有声：“正是因为这里苦，这里累，这里条件差，才需要我们共产党员来，我们共产党员不来让哪个来？！”谁也没有想到，这样坚定的使命感不仅让张富清来到来凤，还让他把自己此后的人生都奉献给了来凤县的山水和人民。

我们问张富清：“60 多年来，您后悔过吗？”老人质朴地笑了。“我把自己变作了一个来凤人，为来凤改变面貌，为来凤人民过上好日子出力，就成了自己的本分。”老人家自豪地说，“我能做到这一切，还得感谢我的老伴，当年的村妇女主任孙玉兰呀。”

1954 年冬天，陕西汉中洋县马畅镇双庙村，19 岁的妇女干部孙玉兰接到张富清的来信：他即将从军委在湖北武汉举办的防空部队文化速成中学毕业，分配工作，等她前去完婚。孙玉兰此前只在张富清回乡探亲时见过他一次，满腔热血的共青团员、村妇女主任，对这位大她 11 岁的解放军战士却是一见钟情。接到张富清的来信后，孙玉兰激动万分，决定前往武汉，把自己的终身托付给心目中的英雄。她向父亲说出了自己的决定。孙玉兰的父亲是农会主席，相信自己女儿的选择不会错。父亲问她为什么看中张富清，她告诉父亲："我看中他思想纯洁，为人正派。"身为农会主席的父亲听了女儿的话，心里踏实了，支持她到武汉去，同自己心爱的男人结婚。

临近农历新年，孙玉兰在父亲的支持下，扯了几尺新布，做了一件新棉袄作为自己的新嫁衣，背上几个馍，怀揣着幸福的梦想直奔武汉而去。孙玉兰没想到，从陕西汉中洋县双庙村到武汉是那样的道阻且长。她搭上货车，翻过秦岭，再坐火车，向着心上人所在的武汉一路颠簸而来。目标美好且浪漫，但从未出过远门的孙玉兰却吃尽了苦。她晕得一路呕吐，吐出了血，似乎苦胆都吐出来了。终于到了武汉，终于见到心上人了，但孙玉兰的腿肿了，手肿了，脸也肿了，人几乎瘫软了。张富清感动了心疼了，幸福的感觉也弥散开来，让他对新的征程充满了信心。

那是一个寒冷的冬天。孙玉兰还没从旅途的奔波中喘过气来，就跟随自己的心上人从武汉动身，一路向西，再向西，向着他们完全陌生而神秘的地方前进。恩施是湖北西部边陲，来凤更是边陲的边陲。他们只能先坐船到恩施的巴东县，再坐车颠到恩施。到了恩施，孙玉兰又二话没说，和张富清一起去了恩施最边远、最艰苦的来凤县。

为了早日赶到工作岗位，一路上，张富清心急如焚、行色匆匆；为了宽慰张富清，孙玉兰疲劳不堪却咬紧牙关、无怨无悔。从武汉到来凤，两千里路山和水，两千里路风和雨，张富清鼓励孙玉兰坚持再坚持。孙玉兰也以自己努力克服困难的实际行动告诉张富清：既然选择了你，在今后漫长的岁月里，我一定会为你分担忧愁，与你永远携手前进。一路颠簸，一路奔波，原来相互之间并不十分了解的一对年轻人，在长途跋涉中，彼此的心紧紧贴在了一起，彼此的信念凝结到了一起，张富清对未来更是信心满满。

有凤来仪。被爱情召唤的孙玉兰，追随张富清到来凤了。等待他们的是诗情画意，还是坎坷跌宕？

传说中的来凤，诗情画意。现实中的来凤，却是一个“一脚踏三省”而并不富裕的“边城”。来凤县地处湖北省西南，东南接湖南龙山，西南邻重庆酉阳，东北与恩施宣恩县相交，西北与恩施咸丰县交界，虽然有“一脚踏三省”和“湖北西大门”之称，是“三省边区交通要冲和物资集散地”，而且史称“川湖肘腋，滇黔咽喉”，但是由于武陵山余脉分南北两支成钳形走向横贯全县，连绵起伏的山川走势，使来凤与外界的交通往来十分不便。幸好来凤县占有酉水河上游的优势，酉水沿东部由北向南流经县域，为来凤县提供了行舟之便。

新中国成立之初，所有的敌对势力不甘心失败，他们蓄意制造事端和混乱，全国许多地区的社会、经济矛盾纵横交织，新生的共和国，面临着最为艰难的一段岁月。正是春暖花开的时节，正是孕育希望的春天，张富清夫妇克服了重重困难，终于到达了来凤县城翔凤镇。虽然做好了吃苦的准备，但呈现在他们眼前的景象还是让他们感到意外。这个有着“川湖肘腋，滇黔咽喉”“三省边区交通要冲和物资集散地”大名的边城，这个“凤凰翔集，声鸣九天”，让乾隆皇帝“龙心大悦”并赐名号“来凤”的古镇，居然仅有三街九巷5000余人，街市残破，经济凋敝，民生困难，百废待兴。张富清是正连职军官转业，和孙玉兰是一对新婚夫妻，又是从武汉主动要求来支援山区建设的，组织上特意为他们安排了一间新房。他们满怀喜悦地打开宿舍房门时才发现，屋里竟连床板都没有。好在他们手头有几件行李：军校时用过的一只皮箱，部队里配发的一床铺盖，加上半路上买的一个脸盆，还有那只人民代表团慰问张富清的搪瓷缸。从隔壁左右借来扫帚和少量其他基本生活用品，他们就在来凤县城里安上了自己的家。

有人善意地提醒张富清：这里不仅交通不便，生活环境也十分艰苦，你们真的不该选择到这样的地方来呀！张富清谢过他人的善意，质朴地回答说："这里确实苦，这里工作和生活条件确实差，工作起来肯定会更累，可是我是共产党员，这样的地方，共产党员都不来，哪个来？"他鼓励新婚妻子孙玉兰说："我们在战场上死都不怕，现在来到这里只是吃点儿苦，有什么好怕的？"孙玉兰知道现在丈夫心中最需要什么，她果断地回答说："跟着你，我什么都不怕！"

无粮不稳。解放初期，国民党潜伏在大陆的特务、土匪及其他反动组织，总是在粮食供应上大做文章，蓄谋卡住城市粮源，以达到颠覆新生的人民政权的罪恶目的。稳定社会，管好粮食，是新中国成立之初难度极大又尤为重要的一项工作。

现实十分严峻。来凤县人大的一份资料显示，“从1954年6月28日开始，来凤县进入‘曲折发展阶段’”。来凤县史志办原主任叶明理的介绍，佐证了来凤县人大关于当时来凤县经济和社会状况的表述：1953年2月26日，国民党向来凤县卯洞区河东乡响水洞一带，空降过四个武装特务；电视连续剧《乌龙山剿匪记》中的“乌龙山”，描绘的就是现实中的湖南龙山，湖北来凤、咸丰等地。长期以来，这里匪患严重，老百姓人心惶惶，导致当地农业生产陷于停滞。张富清到来凤工作时，正赶上国家实施粮食统购统销，加之第一个五年计划正在实施，工业生产任务繁重，来凤县粮食供应压力极大。在大米供应接不上时，居民和机关干部只能用一斤粮票换五斤红薯，而且这五斤红薯还得自己去农民田里挑。无论谁来抓这项工作，都将面临巨大的挑战。张富清来了，这个在战场上死都不怕的“敢死队员”来了，他到来凤县的第一任职务，就是来凤县城关粮管所主任。

古话说，巧妇难为无米之炊。5000余人的来凤县城，每天开门至少要有5000斤大米，大米在哪里？张富清人生地不熟，两眼一抹黑。他知道大米在乡下，在农民那里，在机关里肯定等不来大米。他一头扎到乡村，四处收购稻谷。他一个外乡人，听不太懂来凤话，他说的话别人也不懂，在乡下游走时，人们以为来了一个粮食贩子，不肯把稻谷卖给他。他好说歹说，终于把稻谷收购回来了，又要找加工厂将稻谷变成大米。虽然身先士卒日夜加班加点，大米还是供不应求，一时间他急得吃不好睡不好。张富清笑着对我们说，原来找大米比打仗还难呀。在战场上，哪里有敌人，他们就向哪里冲，只要不怕死就行。可是找大米却没有这么简单，好不容易找到了稻谷，农民不一定愿意卖，买到了稻谷要将它变成大米，也是一件伤脑筋的事。张富清知道，要彻底解决大米的供需矛盾，必须自己办大米加工厂，把加工大米的主动权掌握在自己手里。于是，张富清四处打听，设法买来粮食加工设备，办起了来凤县城关粮管所第一个国营的大米加工厂，终于暂时缓解了县城的粮食供需矛盾。

张富清到来凤县的第一仗打得不轻松，但是总算打下来了。那个时期来凤县的经济社会处于“曲折发展阶段”。虽然曲折，但还是在发展中。至少在张富清和他的同事们的努力下，来凤县城居民和机关干部的粮食问题，总算得到了比较稳定的解决。从打仗到找稻谷加工大米，张富清迅速完成了角色的转换，把事业做得风生水起。

别看粮管所机构不大，作用却很重要。但没过多久，新的问题又出现了。当时机械能力不足，粮食加工很难做到精益求精满足所有人的要求，张富清在粮食供应上采取了精细米和糙米合理搭配供应的办法，尽量满足大家的需要。有一次一个单位的管理人员找到张富清，直接对他说："我们单位只要精细米，把糙米给街上的普通居民吃吧。"张富清听了这种损害老百姓利益的话，很有些生气，当即拒绝说："任何人在我这里都不能享受特殊待遇。"当有人劝他遇事可灵活处理时，他说："我们当年打仗的目的是什么？就是要为老百姓谋幸福，绝不是为了同老百姓争利益的，这是我必须坚持的原则。"

为老百姓谋幸福，不同老百姓争利益，是张富清做人做事坚持的原则，因此在面临利益选择时，他从来不会考虑个人的得失。

来凤县史志办原主任叶明理，是来凤县的"活档案"，也是来凤县发展变化的见证人。他说，正在来凤县的粮食生产和经济建设逐步好转的时候，当地却遭遇了 1960 年前后罕见的自然灾害。《来凤县志》记载：“1959 年（来凤县）干旱 82 天，1960 年干旱 42 天。”粮食问题，又一次十分严峻地摆在了全县人民面前。人人都知道，这是一场一定要打并且必须打赢的硬仗。可是，怎么打，派谁去打？又到了摧营拔寨的紧要关头，西北战场上的“敢死队员”张富清再次站了出来，接受党和人民的挑选！来凤县委、县政府经过研究，决定把张富清派到灾情最严重的三胡区（包括现在的三胡乡及革勒车镇部分）任副区长，目的就是要他在三胡区把生产发展起来，尤其是把粮食生产抓上来，让老百姓有饭吃。三胡区当时是来凤县最穷的地方，民间有“穷三胡富卯洞”的说法。三胡区是一个生产力相对低下的农业区，而卯洞公社因为有码头，有船厂、林场等社办企业，相对富裕。当年来凤县要修电站，县领导还要找卯洞公社借钱。三胡区贫穷落后，粮食严重短缺。分管财贸工作的张富清，工作任务格外繁重。

到了三胡区，他根据之前的经验，认识到要从根本上解决粮食问题，必须建立自己的粮食生产“根据地”。可是就在这个节骨眼儿上，陕西老家发来电报，告诉他母亲处于弥留之际，要他回去见母亲最后一面。回去，还是不回去？张富清遇到了一个重要的选择。如果回陕西见母亲一面，刚开始有了一点儿起色的粮食产供销一条龙工作，肯定要停顿下来。如果不回去，今生今世可能就再也不能见母亲一面了。那天晚上，张富清来到酉水边，仿佛看到了母亲期盼的眼睛。父亲去世时，张富清年仅8岁，母亲含辛茹苦把他们拉扯大。当年母亲抚养他们艰难度日的画面，一个个鲜活地在酉水清澈的水面上荡漾开来，母亲自己忍饥挨饿，哪怕省下一口饭，也要让他们吃。如今，母亲就要永远离开他了，张富清仿佛听到母亲一声声唤着他的乳名，伸出颤抖的双手对他大叫着："儿啊，娘想你呀想你！"张富清不敢再往下想了，对着酉水号啕大哭。他悲恸地对酉水哽咽着表白：自古忠孝不能两全，母亲啊母亲，原谅您的儿子吧！儿子正在做的工作，不仅仅是要解决几千人吃饭的问题，还是关系到新生政权是否稳定的大事，我们共产党如果不能解决好粮食问题，那些战友的鲜血也许就白流了啊！

时隔不久，老家又拍来一封电报：母亲去世，望回家送母亲最后一程。张富清依然不能回家，只能在夜深人静时，独自走到酉水之滨，遥望山水阻隔的故乡，寄托自己的哀思。酉水默然无语，张富清悲恸难抑。时隔多年，张富清在日记中写道：当时国家正处在困难时期，工作任务重，作为一名共产党员、革命军人，绝不能向组织提要求，干好工作就是对亲人最好的报答，干好工作就是对母亲最好的尽孝！不能为老人尽孝，在张富清的内心是一个永远无法化解的痛。近60年后的2016年5月13日，张富清写下过这样一篇日记：每个人都会老去，缺席了陪伴父母衰老的时光，等到想要弥补的时候，也许剩下的只是永久的遗憾。养老是每名子女不可推卸的责任和义务。要多抽点时间陪陪父母，和他们一起慢慢地变老，把辛劳和孤独从他们身边赶跑，把幸福的笑容长久地定格在他们的脸上，让他们享受欢乐安逸的晚年。

他是一个英雄，也是一个凡人。那个特殊的年代，在尽孝和工作之间，他选择了后者。但是，从这篇日记的字里行间，我们读到了张富清老人作为儿子没能为母亲尽孝的遗憾与悲伤，我们感受到在张富清老人心中，这是他永远的痛。老人在诉说时，一脸的凝重和伤感。面对老人如此深情悲怆的表情，我们懂得，所有的安慰和劝说，都是苍白而没有意义的。我的想法，就是陪着这位95岁的老人家一起，去到酉水边痛哭一场，让眼泪融化他郁结在心中近60年的块垒。

作为三胡区的副区长，张富清上任后把粮食生产当作头等大事来抓。人民当家作主了，但温饱问题还没解决，张富清的首要任务是解决老百姓的吃饭问题。三胡区为什么穷？与卯洞公社比，除了自然条件差一些外，还差什么？不搞清楚这些问题，要从根本上解决三胡区的经济问题，几乎不可能。为了向农民找答案，张富清找最穷、最困难的家庭，和他们一起到田间栽红薯、种苞谷，一起劳动一起生活。从陌生到熟悉、从隔膜到认同，张富清取得了当地老百姓的信任。农民告诉他，他们农业生产所需的小农具严重不足，需要到邻近的湖南省永顺县采购，抢季节赶工时特别耽误农事。这个情况让张富清大吃一惊：一个士兵打仗没有枪，没有杀伤力强的枪，怎么可能战胜敌人？他几次立功，都是在消灭敌人后，把敌人的机关枪夺过来调转枪口给敌人以沉重的打击。如果一个农民种地没有农具或者没有合适的农具，抢种抢收都是空话。俗话说，人误地一时，地误人一季。当务之急，是要解决农具问题。他从农民那里得知，湖南省永顺县有个铁匠叫杨圣，他打制的农具好用又耐用，农民们都喜欢买他的农具。张富清马上决定，派人到永顺县去，把铁匠杨圣请到三胡区来。杨圣来了后，张富清亲自同他见面，又安排几名三胡区本地的铁匠跟着他学艺，一起打制农具。这样一来，三胡区很快实现了农具自给，农民不再需要辗转到湖南购买简单的生产农具，农忙时节也不会因为农具紧缺而误事了。后来，三胡区的农具还能外销，甚至卖到湖南去了。

农具问题解决了，是不是什么问题都解决了呢？张富清经常下乡驻队，住的都是最困难的农户家。老百姓吃什么，他也吃什么。他帮贫困户种田，吃饭却还是按标准给钱给粮票，让贫困户很感动。贫困户对张富清说，现在农民们种田没得积极性。他问贫困户：农民们怎么会没得种田的积极性呢？得到的答案是，大家觉得这次旱灾太严重了，拼命种了也可能没得收成。张富清说："认真种了就会有收成！你有没有信心？你如果有信心，我每个月都到你家里来劳动 20 天，我们一起带头把庄稼种好，让大家跟着我们学。我们把田种好了，隔壁左右就会看到希望，增强信心，全队的人都跟着我们学，全队的庄稼就都会种好。”说干就干！农民们看到张副区长与群众同吃同住同劳动，大家的生产积极性很快上去了。俗话说，人勤地不懒。在大家的努力下，田里的庄稼生长得十分茂盛，农民们看在眼里，喜在心里，对庄稼的管理更是用心下力。土地从来不亏欠勤劳人，大家的付出终于得到了回报，三胡区在张副区长的带领下，当年就取得了粮食丰收，全区不仅顺利完成了为国家供粮的任务，老百姓的口粮也有了保障。三胡区的老百姓说：“没得张区长为我们解决农具问题，没有张区长同我们一起种田，我们三胡区今年不可能夺取粮食的丰收。”

农民们心里明白，张副区长为解决大家吃饭的问题，自己吃的苦最多，受的累也最多。有人问张富清：天天同农民一起到田里干农活，苦不苦、累不累？你是区长，是老百姓眼里的大领导，完全可以不受这样的苦和累。张富清却说：“我是共产党员，我不怕苦，可是我受不得老百姓吃苦，看到老百姓受苦，我的心里就像有人用刀子戳。”

“我受不得老百姓吃苦。”这句淳朴到极致的话，没有半点儿吹嘘，却像一盏明灯，在来凤县的大山里点亮了山民的希望。

卯洞自古以来就是一块风水宝地，历史悠久，有山有水有传说有故事。在清雍正十三年（1735 年）改土归流前，此地只有百来户人家，土司为了加强管理，专门在这里设立“百户长官司”，故名百户司。1949 年新中国成立后，设立了卯洞区，1958 年叫卯洞公社，1984 年 6 月又改为百福司镇。卯洞是一座天然形成的溶洞，酉水河到此进入洞中伏流。洞长 220 米、宽 58 米、高 38 米，洞内景色奇特，洞外景观雄伟、壮观、奇异、惊险。酉水流域有着这样一个传说：玉皇大帝云游至酉水河上空，被这里秀美的山水所吸引，于是令鲁班在酉水上游的佛潭绝壁上修凿佛像（即来凤的仙佛寺），并打通下游一处绝壁，让百姓免遭水患之苦。以鸡鸣为期，鲁班必须在当晚完成佛像造像和打通绝壁的工作。鲁班安排徒弟打通下游的绝壁，自己则在佛潭修凿佛像，但等到雄鸡报晓，鲁班已将佛潭的佛像凿好的时候，才发觉徒弟贪睡，没有将阻挡水道的绝壁凿通，于是只能用凿子在悬崖下戳出一个狭小的洞，因为当时是卯年卯月卯日卯时，所以称之为“卯洞”。鲁班离开前，又在佛潭扔下一只草鞋，它每隔 20 年便化成一只铁船，用来疏通下游的卯洞。所以人们常说：“要等卯洞开，需等佛潭铁船来。”美丽的传说给卯洞增添了神秘的色彩，同时也告诉人们，卯洞自古就是行路难的地方。鲁班这样的神仙，本来应该让酉水在卯洞这里畅流，为当地老百姓提供生活的方便，最终也只“戳”出来了一个“卯洞”。

今天的百福司镇（原卯洞公社），正在充分利用以卯洞为代表的系列溶洞等自然资源，大力发展旅游产业。在百福司镇的卯洞景区里，有桅子柱、香炉岩、落印潭、土司城、仙人洞等景点，集武陵山的雄、险与酉水河的秀、静于一体。其中卯洞为天然形成的穿洞，古人有诗咏叹卯洞：“天阙惊开泻巨川，洞庭前路劈千山。蛟龙不是池中物，五岳当涂也枉然。”山奇水幽，洞穴神秘，风光如图画。可是当年的卯洞人却过着“行路难，难于上青天”的日子。如何解决卯洞人出行难、发展经济难的问题？组织上经过反复思考，决定把在“穷三胡”干得风生水起的张富清，放到“富卯洞”的风口浪尖上。

凝视着清瘦儒雅的张富清，一首 20 世纪五六十年代特别豪迈的新民歌，从我的心中跃然而出：天上没有玉皇，地上没有龙王，我就是玉皇，我就是龙王。喝令三山五岳开道，我来了！今天敢于“喝令三山五岳开道”的，就是张富清！我们忍不住要为张富清老人打抱不平：“为什么每次碰到困难的时候，组织上首先想到的就是您呢？”张富清平静地笑了，笑的时候很有几分自豪。他回答我们：“因为我是共产党员，因为我是突击队员！”张富清的一生，恪守的只有一个信念：“我是共产党员，所以我要冲锋在前！”明志才能致远，就是这样一个纯粹得让人觉得极其简单的信念，让张富清面对一个个紧要关头都义无反顾，面对一次次生死考验都勇往直前，无所畏惧。

到卯洞公社任革委会副主任的第一天，张富清沿着酉水来到卯洞。他不是来看卯洞风景的，更不是来考察卯洞的前世今生传说的，他要来看看酉水是怎样以不舍昼夜的执着，把鲁班和他的弟子们没能打通的山洞，穿凿出一条通道的；他是来拷问自己的：“传说中的鲁班都能在心里想着老百姓，为老百姓做好事，我一个共产党员做得怎么样？我是否对得起共产党员这个称号？”

卯洞公社有个管理区叫高洞，是公社最偏远的管理区，几十里地，山连着山，把村民与外界完全隔绝。公社党委讨论干部分工工作时，张富清说，要让“富卯洞”名副其实富起来，高洞管理区不富起来不行。张富清知道，高洞不通电、不通水、不通路，要想这里富起来，难度肯定比任何地方、任何工作都大。想到这里，张富清站起来说：“把高洞管理区的工作分给我来抓吧。”张富清清醒地认识到，要改变高洞的落后状况，必须先解决不通电、不通水、不通路的“三不通”问题。而在“三不通”中，通路是重中之重。他决定一边领导社员抓好当前的农业生产，一边做好群众的思想工作，并准备好修路物资。问题看准了，解决问题的思路也明确了，可是要修好这条长约 5 公里的路，难度极大。因为这条公路至少有 3 公里要在悬崖上开凿出来，纯粹靠人工肩挑背驮，几乎不可能完成。没有困难要上，有困难克服任何困难都必须上！张富清说着一口夹杂着普通话的陕西方言，开始四处奔走。申请报批、借钱筹款、规划勘测……一个个看似简单明确的事，真的要做起来，却琐碎得让人无可奈何。张富清下定决心，要把这些困难当作一个个碉堡来攻克。他找部门、进机关，陈述高洞的状况，说明修通这条公路的重要性。说一遍别人听不懂，他就说两遍，反复地说。他还把有关人员请到卯洞公社来，看卯洞山水，讲卯洞故事，体会高洞人的行路难。这种迂回包抄的战术，这种锲而不舍的努力，终于打动了有关单位和部门的工作人员，大家都支持他把这条路修通。

我们与张富清老人做了这样的“假设”。我们说：假设您告诉那些被您请求的人，说您是战功赫赫的英雄，您到这里来是为来凤人民作贡献的，您现在这样四处奔波不是为了个人利益，那些人会不会给您更多的支持？张富清回答我们，他是绝对不会那样做的，那样就是居功自傲，那样就是狐假虎威，不是一个共产党员应该做的事。况且他到来凤时就给自己作了一个原则规定，无论遇到什么困难，都绝不能以英雄自居，绝不能把自己的战功拿出来作为要挟他人的武器！

项目得到了认同，有限的资金也基本到位，但这并不意味着路的开通就指日可待了。这还只是一个开始，接下来还要组织人手，发动群众，必须让群众认识到为什么要修这条路，让大家明白，只有把路修通了，高洞人的日子才会越过越好。这样的问题不解决，公路肯定修不成。有人可能会问：把路修通修好，老百姓出入方便安全，有什么不好，为什么还要作为一个大问题对待？因为事实与张富清事先分析的情况完全一样，修路的消息一传开，有的社员就“思路不大通”，认为修路会耽误生产。还有人说：“这样的山路，我们走了千百年，祖宗们都是这样走的，我们怎么就不能继续走这条山路呢？”这些让人哭笑不得的认识和说法，就是横在张富清面前的“拦路虎”，不除掉这些思想上的障碍，就无法修这条路。

张富清做群众工作的法宝，就是与群众打成一片。他对年轻的干部们说：“干群关系密切了，工作就好开展了。”以情动人，让群众看到共产党的干部是真心来为他们做事的，老百姓就会变不理解为支持。为了让老百姓提高对修路的认识，他又一次住到社员家里。为了不给社员家里添麻烦，他在柴房里铺上干草，席地而睡。他还主动帮社员干农活、做家务，密切与他们的关系。妻子孙玉兰知道了心疼不已，张富清却对妻子说：“在西北战场打仗时，哪里有床铺？我们很多时候打仗实在太累了，只要有一点儿空隙，随时都可以歪在地上睡一觉，敌人的枪炮声轰隆隆的，我们却照样睡我们的。初到新疆的那些日子，帐篷不够，我们就在雪地里刨一个个‘地窝子’，既做房屋又当床。在农民家里，风吹不到，雨淋不到，有饭吃，安全也有保障，已经让我很满足了！”孙玉兰知道张富清的性格，他认定了的事儿，就会不屈不挠做到底，孙玉兰相信他。

人心换人心，真情换真情。张富清把高洞农民的心暖了。张富清的“陕西普通话”农民听不太懂，农民说的来凤话，张富清也不熟悉，但他认真地听、慢慢地揣摩，学着说来凤话，与老百姓的语言交流一点点顺畅起来。农民们被感动了，对张富清说：“张主任，我们跟着你一起干！”张富清开心了，他很实在地对农民们说：“我们干也不能蛮干，不能放下当紧的农活儿不干。路不是一天两天可以修好的，可是田里的农活儿，差一天甚至差一个时辰都不行，必须合理安排时间。农忙的时候大家集中精力忙农活儿，农闲的时候，大家就鼓足干劲修公路。”老百姓听了十分佩服：“张主任太实在了，总在为我们着想，这样的安排很合理。我们跟着张主任，你说怎么干，我们就跟着干！”

张富清注重结合农村实际，坚持实事求是安排修路的进程。农闲时节，早上 5 点，张富清一大早就爬起来做检查工作，看修路的炸药准备好了没有，看今天的进度安排是否合理，看哪些路段要特别注意生产安全。一切准备就绪，吃过早饭，他就爬到生产队的山包上，举个喇叭喊开了："社员同志们，8 点以前集合完毕，向今天要完成的工程进度发起进攻！"听到张主任的喇叭声，农民们就来到工地上，你追我赶地干了起来。为了确保修路的安全，张富清规定每天上午 11 点和下午 5 点 30 分，一天两次开山放炮。修路的农民们要统一避险，也正好回家吃饭，进行一下休整。农民们回家吃饭休息去了，张富清却不能走。他要在工地上巡视，查找安全隐患，找到工程进度的薄弱环节。他一边走，一边往嘴里塞几个早上带来的冷粑粑，再喝几口山泉水，就把自己打发过去了。

干部和群众看在眼里，记在心里。"他跑上跑下，已经是 50 多岁的人了，身体并不好，工作却特别认真。"曾和张富清在卯洞公社共事的百福司镇原党委书记董香彩在回忆时，忍不住发出赞叹。董香彩说，老张忙啊，一年到头，不到腊月二十八，孙玉兰很少能见到他的身影。有时候，孙玉兰操心他吃不好，就想办法在家里弄点儿好吃的，让孩子们放了学给他送去，顺便带几件让他换洗的衣服。有件事让董香彩记忆最深。那次张富清的大儿子张建国放学回家，孙玉兰让孩子背了两件衣服、一罐辣椒上山给他爸爸送去。十几岁的孩子爬山爬到天黑，爬哭了也还没赶到张富清住的地方，只得投宿在社员家中。第二天，等到天黑，父子俩才打了个照面。

面对张富清全身心的付出，高洞的老百姓从心底佩服。他们评价说："这个从上面派来的干部，真心在为我们高洞人着想，真心在为我们农民做事啊！"从抵制到触动，从被动到主动，群众在张富清的带领下肩挑背扛，用两年左右的时间，终于修通了高洞管理区第一条能走马车、拖拉机的土路。

张富清要调走了！消息传开了，临走的那天早上，孙玉兰打开房门，发现屋子外面站了好多人。原来社员们得知张主任要调走的消息，摸黑赶了好远的夜路，自发地来送他们尊敬的张主任。"他们守在门口，往我们手里塞米粑粑，帮我们把行李搬上车，一直到车子开了，都没有散。”农民们用他们最朴素的表达方式，向他们敬仰的人致敬。回想起当年的情景，孙玉兰的眼睛湿润了，忍不住也要夸奖一下自己的丈夫。她说这样的场面说明，张富清一直在为我们的党争光，一直在用自己的行动向人们证明：共产党就是为人民谋福利的。将心比心，张富清把老百姓对党和国家的期望，都化作默默洒下的汗水。以心换心，群众把对张富清的信赖与认可，都包进了一个个米粑粑里，熔铸到了高山顶上那条便民路里。

昔日的卯洞公社（今百福司镇）换了人间。卯洞、仙人洞、土司城等自然景观，舍米湖摆手堂等人文资源已经成为当地不可多得的发展旅游产业的财富。别具一格的卯洞洞中漂流，一日游三省（市），美景令游客目不暇接；激流险滩跌宕起伏，“野味十足”中让游客感到惊险刺激。漂流时，人们可以感受到酉水以柔克刚的坚忍；浅滩、深潭和水中的奇山秀石，让漂流其间的人认识到酉水包容中的豁达。卯洞卯洞，四十八洞，洞洞有奇幻。人们利用大自然的鬼斧神工，演绎出山里人辛勤劳作的故事和神话。

卯洞河东乡土家山寨的舍米湖摆手堂，是百福司镇发展旅游业的又一块瑰宝。这个始建于清顺治八年（1651年）的摆手堂，是土家族现存最古老的舞堂。来凤县百福司镇舍米湖村，地处湘鄂渝三省（市）交界的群山中，全村170户600多人都是土家族人，据村里老人讲，他们都是唐朝末年迁居此地的彭姓先祖彭相龙的后代。村里人世代事农，民风淳朴，不沾赌，唯好摆手舞。舍米湖摆手堂占地500余平方米，呈长方形，大门形似牌坊状。在大门与神堂之间，有一条石铺甬道，道旁有高大古柏。神堂的墙壁是石块砌成，无雕梁画栋和斗拱飞檐，显得古朴厚重。现存古碑系清道光二十七年（1847年）和同治二年（1863年）维修摆手堂时所立。这里有上千年的古寨、几百年的古堂，为渝东、湘西、鄂西土家族摆手舞的发祥地，因而被誉为“摆手舞之乡”“神州第一摆手堂”。这样内涵丰富、特征鲜明的文物级别的古建筑，是百福司镇新一轮经济发展的希望。

95岁高龄的张富清老人，至今牵挂着高洞山上淳朴的百姓。如今，百福司镇的边界断头路、经济循环路、省际出口路和农村烟水配套等涉及改善民生的基础设施项目，都在陆续开工，而百福司连接重庆酉阳五湖村、湖南火岩乡等地的断头路已陆续贯通，大大促进了当地的经济发展，彻底解决了村民出行难问题。他当年带领高洞人修的第一条公路，如今在精准扶贫工作中得到扶贫工作队的支持，全部改造升级，铺成了柏油马路。听到这些好消息，张富清喜出望外，他觉得自己当年的奋斗虽然只起了一个头，但是让山民们意识到了只有修好道路，他们的幸福生活才会步步高，这样的付出永远是值得的。尤其让张富清高兴的是，深山里老百姓的生活习惯，也发生了根本变化。过去这里的厕所和养鸡、养猪的地方杂乱无序：公鸡母鸡满天飞，生猪四处奔走，或者猪圈厕所横七竖八混杂而建……今天却是一排排猪舍坐落在深山，一条条水泥路直通农家院落，一块块烟田星罗棋布。自来水管埋进了田间地头；水龙头进入家家户户；水池连接猪舍，服务烟叶生产区……村民沿袭多年的传统生产生活方式，正在发生巨大改变。原卯洞公社所辖的二三十个村，已全部脱贫。

几十年的岁月，虽然冲淡了太多的往事，但人们仍记得，在高洞的青山绿水间，依然镌刻着张老的足迹，上了年纪的人，还在讲述当年张主任带领他们修路的故事。

臧克家曾写过一首著名的诗作《有的人》，诗人以极其通俗的文字对“有的人”进行了鲜明对比：有的人，骑在人民头上：“呵，我多伟大！”有的人俯下身子，给人民当牛马；有的人，把名字刻入石头，想“不朽”；有的人情愿作野草，等着地下的火烧……把名字刻入石头的，名字比尸首烂得更早；只要春风吹到的地方，到处是青青的野草。他活着别人就不能活的人，他的下场可以看到；他活着为了多数人更好地活着的人，群众把他抬举得很高，很高。这首诗脍炙人口，在对“人”的对比描绘中，让“情愿作野草”的人形象高大伟岸。对照张富清的为民奉献，今天重读这首诗，远去的诗人臧克家先生似乎是为老人量身定制了“有的人”。

我们不妨把叙述的速度放慢一些，安静地读一读张富清老人的一位老同事写出的一篇文章《刻在卯洞的记忆》：

我叫杨胜友，今年73岁，是恩施州来凤县一名基

层退休干部。上世纪 70 年代，我有幸与张富清同志一起在来凤县卯洞公社，也就是现在的百福司镇，共事了四年时间，目睹了他在卯洞工作时的点点滴滴，真切感受到一位共和国老兵的英雄本色和一名人民公仆的家国情怀。今年 3 月 2 日晚上，我和往常一样在百福司的家中看电视，中央电视台的新闻中突然出现了《张富清，深藏功与名》的报道。张富清，一个特别熟悉的名字，我顿时瞪大了眼睛，立马走到电视机跟前，身旁的老伴也起身上前。我确信电视里面的张富清就是我以前的老领导，95 岁了，还那么精神，一脸的笑容。接下来，我和老伴瞬间懵住了！电视里讲，张富清在解放战争中立下了那么大那么多的战功，我们真的不敢相信，因为我们从来没有听说过。在我们的全部印象中，张老就是一个普通的退伍军人，是一个把部队的优良作风时刻带到地方来的好干部。哪知道，他竟然是一个人民的大功臣呢！

那一刻，我心潮汹涌，我和老伴沉默了许久，没有说一句话。当晚，我久久无法入睡，完全不能控制自己的思绪，张老过去那些工作生活的情景，一幕又一幕扑向我的脑海。

1974年到1978年，我和张老先后调入来凤县卯洞公社，我当时担任党政办主任，张老从三胡区调来，任革委会副主任，分管机关和财贸等工作，是我的直接领导。在我的印象中，张老常年穿着一套深蓝色中山装，头戴鸭舌帽，脚穿解放鞋。公社班子成员中，年轻同志比较多，张老资格最老，但他从不倚老卖老，更不避重拈轻，总是主动挑最重的担子，啃最硬的骨头。当时，每个班子成员都要联系一个片区，在研究片区责任划分时，张老第一个选择了最困难、最偏远的高洞管理区。高洞管理区位于湖北与重庆交界处，全部村寨都在四面悬崖的高山上，自然条件十分恶劣。高洞是公社烟叶主产区，常年种植烤烟2000多亩。除烤烟外，每年要向国家上交十多万斤公余粮。由于不通公路，每年几十万斤烤烟、煤炭、农资和粮食，全靠老百姓沿着16公里的山路肩挑背驮。有一位老乡因为背烤烟下山，滚下陡坡，险些丢了性命。

张老对高洞群众的苦，看在眼里，更疼在心里。他暗自发誓，一定要修通一条公路，解决当地群众最盼也最难的事。

可是，在那样一个物资匮乏，技术落后，连饭都吃不饱的年代，要修通一条公路，谈何容易啊！张老一头扎进了高洞，首先从统一群众的思想做起。可是，进了村子，他一口陕西方言，当地群众几乎听不懂，都不愿与他多打交道，也不是很信任他。因此，他也不好提修路的事。群众白天搞生产，他就主动跟着一起去劳动；群众收工回家吃饭，他就帮着做家务；晚上睡觉没房间，就在农户放柴的地方铺点草，打个地铺；语言交流困难，他就自己少说，听乡亲们多说，并慢慢操练来凤方言。渐渐地，他与当地干部群众的关系逐步改善，群众也更加依赖他了。语言的障碍和群众对修路的畏难情绪，最终被张老默默的行动化解了。

1977 年冬天，张老组织群众，打响了修通高洞公路的大会战，沉寂的小山村第一次响起了穿过几座山的隆隆炮声。工地上每天最少上千人，最多 6000 余人，靠着钢钎、大锤、锄头、撮箕和自制的火药，靠着一双手和两条腿，按照划分的班组和路段，集中火力突击。他亲自带着一班群众，奋战在最险最难的鸡爪山。他腰间系着绳索，像蜘蛛一样趴在岩壁上，握钢钎，抡大锤，打炮眼。120多个日日夜夜，张老既当指挥员又当战斗员，硬是从悬崖绝壁上凿出了一条盘山路。通路的当天，看到装满各种物资、粮食的拖拉机，行驶在颠簸的公路上，看见群众个个喜笑颜开时，他的脸上笑开了花。去年，张老主持打通的这条路，在扶贫工作队的支持下，进行了硬化改造，现在的高洞村已经整体脱贫了，村民的日子也更加殷实了。村里年纪大一点的同志，都还记得当年张老带领大家修路的事。

张老是穷苦老百姓出身，最看不得半点损害群众利益的事情。他平时性格很和善，但遇到有人做损害群众利益的事，也不会留半点情面。有一年农忙季节，我陪张老一起，披着蓑衣，戴着斗笠下乡检查农业生产。因为张老鞋子穿烂了，我们便来到安抚司供销社买草鞋。到了卖草鞋的柜台，发现大部分草鞋不是没有耳子，就是没有后跟。张老顿时板起面孔，对售货员发了一顿脾气：“你们把这样的烂草鞋卖给群众，有点良心没有？”售货员被张老的阵势吓住了，当他得知眼前这个农民模样的人，就是公社驻安抚司最大的干部时，感到羞愧难当。张老立马安排我通知供销社负责人，要求对相关责任人作出处理。

1977 年 3 月，张老在安抚司召开水稻育秧现场会，推广育秧新技术。会上，张老对少数干部完不成推广任务，找客观原因，很是生气。他大声质问：“为什么有的组按要求做到了，有的组就做不到呢？”说到气头上，他把桌子一拍，帽子一揭：“有的同志不要光想着困难，再难能与革命前辈流血牺牲打江山比吗？”其实大家心里都清楚，推广 3000 亩育秧新技术，每年可节约 3 万多斤种粮，还能大幅度增加产量。他心里着急啊！

张老对生活安贫乐道，为人豁达大方。老伴一直体弱多病，为了补贴家用，就到卯洞街上的一个缝纫社做衣服，一个月能挣到十来块钱。张老分管财贸工作，在别人看来，有不少“油水”，但我们从来没听说过，他在哪里揩一点油，占一点小便宜。张老一家六口人，住在一个30平方米左右的老旧屋子里，屋后走廊便是做饭的地方。每年春节后上班第一天，或者平常机关食堂没有开伙时，张老就邀我们这几个农村出来的年轻人去他家吃饭。后来，我才知道，其实他家里粮食也是紧巴巴的，我们吃一碗，他们自己就要少吃一碗，我们也就渐渐去得少了。

张老在卯洞的故事很多，这段时间，我们卯洞的家家户户都在传颂着老人深藏功名几十年的故事。作为老部下，我也在反复地思考着，究竟是什么力量支撑着他60多年从不居功自傲，而是默默为民？当我完整读懂张老95年走过来的生命历程时，我深刻领悟到，张老在卯洞舍生忘死开山炸石、千方百计为群众解困谋利，而自己却始终过着缝缝补补的日子的原因所在、力量所在。张老深藏功名60余年并不是不可思议，一切都是那么顺理成章。前不久，我特意到县城去看望他，张老待我十分热情，分外亲热。我仔细打量着他，注视着他，此情此景，我的老领导，在我心中的形象突然无比高大而伟岸！在惭愧和折服之余，我默默地祝福他健康长寿，而他的一切，都会永驻于我的心中！

这篇文章，是一个老共产党员的真情流露，是一个老同事拉的家常话。73岁的杨胜友，以自己的所见所闻，用朴素的文字为我们刻画出了张富清朴实而正派的形象。正如杨胜友老人写到的那样，张富清是一个和善的人，可是当他看到有人对老百姓麻木不仁的时候，对工作漫不经心的时候，会拍案而起，会毫不留情，绝不放过，因为在他的心中，人民的利益高于一切，党的事业重于泰山。

凡是与张富清一起共过事的人，谈到对张富清的感受时都说，他们一直觉得张富清就是一个一切听从党召唤，哪里有困难就战斗在哪里的退伍战士。无论是在城里工作还是在农村工作，无论是当粮管所主任还是当三胡区副区长，他都把自己当作一个普通的劳动者。在粮管所当主任时，认识他的人都说，他就是一个收购稻谷加工大米的“粮食贩子”；在卯洞公社当革委会副主任时，老百姓说，他就是一个说着一口陕西方言，敢在悬崖峭壁上打炮眼儿，在农家睡柴草房，帮农民种田，同农民一起吃土豆红苕的农民干部；他的同事们说，他还是一个见到有人损害群众利益，就一反常态同他人翻脸的倔强人！他们从来没有想到过，张富清老人把自己显赫的过去，悄悄藏在这边远的武陵山的褶皱里。张富清的心中，从来没有城里和乡下的区分，从来没有划分工作的高低贵贱。只要是党组织分配给他的工作，他就是克服天大的困难也要做得尽善尽美；只要有人说这个工作难度大不好做，他就会二话不说接过来，认认真真地做好。工作和生活中，没有一个同事说他爱出风头想当先进。大家在长期接触的过程中，先是对他这样憨厚执着的付出心疼，最后是从内心深处敬佩。

1981 年 9 月，已经 57 岁的张富清又走到了一个新的岗位上——调任建行来凤县支行副行长。有人说，几十年来，张富清从城镇到乡下吃了太多的苦，也该进城到一个有钱的单位享几天福了。但人们想不到，在基层工作能吃苦敢打硬仗的张富清，在即将退休的时候又转战到了新的战场。在三胡区和卯洞公社，张富清分管过财贸工作，与“钱”可以挂一点边儿，可是银行金融工作，同财贸工作完全是两个概念，需要从头学起。人们更想不到的是，当时来凤县建行只有五名职工，单位没有自己独立的办公场所，只能借用其他单位的土瓦房，挤在一起办公，职工更是没有宿舍安身。最主要的是，作为银行，当时却没有相对可独立支配的资金周转。所有的金融业务，都靠上级行提供资金。摸清情况后，57 岁的张富清，一方面要求自己学习掌握管理运营及金融知识，同时要求职工必须认真学习，提高业务能力。为调动大家的工作积极性，他又开始四处奔波，寻求帮助，积极改善职工工作和生活条件，想办法解决了职工办公室和宿舍问题。

当时正逢建行进行“拨改贷”改革，国有小型煤矿田坝煤矿是当时建行最大的贷款户。为了掌握企业的产供销情况，张富清经常深入煤矿一线，了解企业的生产销售情况，合理调度资金，给企业出谋划策。到年底，银行要从企业回收贷款，张富清有时干脆把被子背上，住到煤矿上解决工作中遇到的问题。张富清的举动赢得了企业的信任和尊重，总会按期归还贷款。建行来凤县支行现任行长李甘霖很有感慨，因为张老诚实待人，工作做得扎实具体，服务细致周到，当年建行放出的贷款，没有一笔呆账。

张富清的事迹被广为传播后，中国建设银行为本系统有这样的老英雄而自豪。2019 年 5 月 27 日上午，中国建设银行召开党委会集体学习习近平总书记对张富清同志先进事迹作出的重要指示，对全行进一步深入开展向张富清同志学习活动进行研究部署。中国建设银行党委书记、董事长田国立代表总行党委在会上指出，习近平总书记的重要指示，深刻揭示了张富清同志先进事迹的价值本质，全面概括了张富清同志先进事迹的精神内涵。“60 多年深藏功名，一辈子坚守初心、不改本色”，充分体现了中国共产党人的初心和使命，是全党“不忘初心、牢记使命”主题教育的活教材，是全体党员干部学习的榜样，更是建设银行所有员工学习的榜样。田国立说，张富清同志作为建设银行的离休干部，他的先进事迹对于建设银行来说有着更加特殊的意义。习近平总书记对张富清同志先进事迹作出的重要指示，给中国建设银行的历史增添了新的辉煌篇章，更给建设银行员工带来了巨大鼓舞。习近平总书记的指示，不仅是张富清同志的光荣，也是建设银行36万员工的光荣。

为了激励先进，弘扬正气，建设银行总行党委决定，授予张富清同志“中国建设银行优秀共产党员”“中国建设银行功勋员工”称号，并在全行深入组织开展向张富清同志学习的活动。总行党委强调，全行向张富清同志学习活动要同“不忘初心、牢记使命”主题教育紧密结合起来，同庆祝共和国成立70周年和建设银行成立65周年结合起来，同开启“第二发展曲线”结合起来，坚持党建引领，求真务实创新，努力开创高质量发展新局面，全面展示建设银行崭新形象。2019年5月21日，中国建设银行党委书记、董事长田国立专程来到湖北省来凤县张富清家中，看望老英雄，向张老表达全体建行人对他的敬意。张富清老人拉着田国立的手，语重心长地说：“现在建行已经发展成为世界第二大银行，很不容易。越是在这样的时候，我们越是要在政治上继续加强对员工的教育，要发挥党支部和员工的作用，要让我们的员工从内心里自觉地爱行，要为行里办实事，在工作中作出自己应有的成绩和贡献！”老人的话，让田国立在感动的同时，也明确了要充分运用这样好的典型，在系统内树立建设银行崭新形象的责任意识。

上善若水，有凤来仪。从陕西汉中的平坝子到荒原戈壁，再到武陵山脉的崇山峻岭中；从血雨腥风的战场，再到看不见硝烟却举步维艰的经济建设中，张富清在70多年的奋斗中，一步步无怨无悔地走到今天，走进人们的崇敬和思考之中。他凭借的法宝，就是坚定的共产主义信仰，就是永远把人民的利益放在第一位，就是在党和人民需要的时候挺身而出甚至不惜牺牲自己的生命！

一个有希望的民族不能没有英雄，一个有前途的国家不能没有先锋。张富清的伟岸，不只在青年从戎时屡立战功，还在中年转业后恪尽职守。在人生的征途上，因为信仰，因为坚守初心，他始终如一，勇往直前。

张富清退伍证上的照片（朱勇/翻摄）

下篇

岁月有情

老子说："上善若水。水善利万物而不争。"

酉水，不是一条奔涌的大江大河，依然可以收藏惊涛骇浪，也可以储存和风细雨。"利万物而不争"，才可以成为上善之水，才可以源远流长。有人做过一个历史考证，这条湘鄂渝边区静静流淌的河流，曾见证了中国革命史上一支让一切反动派胆寒的英雄部队——三五九旅的前身，从这里出发，一路长征，坚忍不拔地抵达了心中的圣地——陕北。多年后，这条河又奇迹般地见证了那支从这里远行的英雄部队三五九旅，有一位叫张富清的老兵，一路反向而行，从陕西再次"长征"而来，反哺这里的父老乡亲。

或许，这只是时空里的一种巧合。仔细探究张富清的人生轨迹，我们会发现，这位老兵的生命历程，最好地诠释了中国共产党为人民谋利益的宗旨，深深嵌入中华民族伟大复兴的历史必然。

我们跟随着历史的镜头推移而来。张富清狭小而整洁的房间里，最奢侈的生活用品，大约就是那个三人沙发。在很多人拍摄的照片中，我们都可以看到，95 岁的张富清，几乎一直固定地坐在沙发靠右手的一个角落里，面对突然潮水般涌来的崇拜，那么平静而安详，那么和蔼而坦然，那么从容而淡定。张富清记不清这个沙发有多大“岁数”了，但是自从他88岁那年失去左腿之后，这个沙发就成为他的“堡垒”。老人家用手抚摸着散发着凉意的沙发，笑着说：“孩子和老伴儿都对我讲，可以换一个新的沙发了。我问他们：我每天不是好好地坐在上面吗？不是我恋旧，是我觉得生活中与我产生了情感的一切物品和记忆，都必须得到珍惜。”

张富清突然发现，在他说这些的时候，老伴儿孙玉兰在一边抿嘴而笑。张富清明白老伴儿的笑有些意味深长，马上“表白”：“我能有今天这样问心无愧的好日子，哪一样没有你的牺牲和成全呢？”是的，他们的物质生活曾经是十分清贫的，但是他们一起走过的岁月在精神上却是步步有情，步步情深。

张富清在原卯洞公社任革委会副主任时，应该是一个重要的干部，可是他们一家却住在一座年久失修的庙里，一大一小两间房，仅有30多平方米。三张床上，挤了两个大人和四个小孩。一家人除了几个木头做的盒子和几床棉被外，什么家当也没有。曾任卯洞公社党委副书记的田洪立记得，张富清家的餐桌上常常只有青菜、萝卜、油茶汤，比大多数社员家的伙食都差。

“他家的窗户很小、又高，屋里不通风，光线暗淡。他那时候分管机关，完全有条件给自己安排好一点。”老同事董香彩对张富清一家的住房记忆犹新。

“不给组织添麻烦”，这是张富清给全家立下的规矩。20 世纪 60 年代，国家正是困难时期，全面精减机关工作人员。担任三胡区副区长的张富清接到上级要求后，立即回家动员妻子从供销社“下岗”。孙玉兰当时不可能服气呀！“我工作一直很努力，又没差款，又没违规，凭什么要我下岗？”“你不下来我怎么做其他人的工作？”一向温和的张富清脸一板，“这是国家政策，首先要从我自己脑壳开刀，你先下来，我才可以动员别人。”

张富清在这件事上一直对老伴儿怀着愧疚之意，但是他从来没有后悔过自己当年的决定。他在几十年的岁月中，对老伴儿满怀深情和敬意。当年孙玉兰“下岗”后，仅靠张富清的工资，肯定很难养活一家六口人，他们家里的生活差，是必然的。孙玉兰不是一个怨天尤人的普通家庭妇女，她是从陕西汉中走出来的村妇女主任，在丈夫工作的节骨眼儿上，她要尽自己最大的努力，帮丈夫渡过难关！没有了固定的工作，孙玉兰决定去街道缝纫社帮工，挣一点儿小菜钱。刚开始，她给师傅们打下手，一件小衣服赚几分钱。后来手艺熟练了，就开始做便衣，一件衣服可以挣几角钱。心灵手巧的孙玉兰做衣服时会动脑筋，在衣服上面盘好几个布扣，很受顾客的喜欢。孩子们对妈妈很佩服，每天回家做完功课后，都帮妈妈盘布扣。到了后来，两个儿子穿针引线的功夫都不含糊。

有人替孙玉兰不平："他是区领导，怎么也可以保住你的工作岗位呀，他让你下来，你就下来，怎么不和他吵？"孙玉兰知道大家是同情她家里生活困难，但是她更知道自己丈夫的脾气："这个事情不是吵架的事情，他给你讲，这是政策问题，已经把道理说明白了，为什么还要吵呢？"听了孙玉兰的话，那些为她不平的人都理解了，机关的人员精减工作，也得以顺利展开了。

在最困难的那些年，张富清每月的工资，很难维持一家人的生计。除了患病的大女儿，其他三个孩子放了学，都要去拣煤块，上山拾柴火，或者去工地上背石头挣点儿钱，贴补家用。"衣服总是补了又补，脚上的解放鞋被脚趾顶破，就用草裹住捆在脚面上。”这在很贫穷的农民家里，也是很少见到的！小儿子张健全回忆起自己少年生活的情景，至今仍会热泪盈眶。

在原则问题上，相濡以沫的知心爱人孙玉兰理解张富清。可是，孩子有过“想不通”的事。大儿子张建国高中毕业，听说恩施城里有招工指标，很想去。正好张富清分管着这项工作，招工指标不是一个两个，张建国的个人条件和家庭状况，都符合招工条件，但是张富清不但对儿子封锁信息，还要求他响应国家号召，到卯洞公社的万亩林场去当林场养护工人。那里荒山野岭，连间房子都没有，两年的时光，张建国咬牙挺着，不向父亲叫一声苦和累。

“孩子穿父母的衣服，弟弟妹妹穿哥哥姐姐的衣服。”来凤县原教委主任向致春，担任过张富清小儿子和小女儿的小学班主任，因为时常家访，与张富清十分熟识。他说，张富清的“两个小孩都很优秀，还在学校勤工俭学，有时他们母亲也来帮忙，把学校一头 10 多斤的猪养到了 180 多斤”。

认识张富清多年的来凤县关心下一代工作委员会副主任张昌恩，对老英雄深藏功名的淡泊与崇高，有着更深的体会。“我曾教过他的子女，只知道这是一个家教严格的普通家庭，他是一位乐观、朴实的转业军人，工作挑最苦的干，作风扎实。”“身边凡人”与“战斗英雄”的鲜明对比，深深震撼着张昌恩。他十分感叹地说：“张富清同志的非凡，是因为他心中只有党、只有国家、只有人民的利益；他的平凡，是因为他从来没有想过自己。他用笃定的坚守，让我们看到了共产党人的本色和境界。”

那是一些多么艰难的日子呀！一天晚上，张富清的小儿子张健全请我们吃饭，他拿出了一瓶酒说：“你们冒着大雨远道而来辛苦了，今天喝点儿酒解解乏。”看到我们一个个都不响应，张健全笑着说：“你们放心，不是公款请客，我也不敢用公款请你们吃饭，一是现在有‘八项规定’，即使没有中央的规定，我的老父亲如果知道我用公款请客了，是绝不会放过我的。”我们边吃饭，边进入他对往事的回忆之中：“我现在还不敢轻易回忆我们小时候的往事。那时候父亲长年下乡同农民们一起修路，发展生产，很少回家。母亲既要照顾我们的生活、学习，辛苦挣钱贴补家用，又要牵挂在悬崖峭壁上打炮眼、装炸药的父亲的生命安全和生活起居，加上身体不好，营养不良，常常就突然晕倒在地，我们兄妹几个不知所措，只能守在床边陪着母亲哭……”

讲着讲着，张健全就会呜咽失声。我们也黯然神伤，甚至觉得不可思议。张健全的讲述，使我们知道了，张富清的四个子女，患病的大女儿至今未婚，目前与老两口相依为命；小女儿凭自己的本事，成为卫生院普通职工；两个儿子都是先在基层学校当教师，因为出类拔萃，一步步成长为县里有一定级别的领导干部。他所有的子女们和孙子辈，没有一个在他曾经工作过的单位上班，也没有一个依靠他的关系找工作，求人们关照。他的孙子辈现在大多在做临时工，一个孙媳妇刚刚通过考试入职，去到距县城几十公里的农村学校当乡村教师。

张富清现在患了老年人的常见病，需要常年服用降血压药物。他是离休干部，医药费可以全额报销。他每次从医院拿药回来后，就把药都锁进一个“专用药柜”里，怕家里其他人用了。他说：“不是我小气，我的药是公家报销的，只能我用，其他人不能占公家便宜。”他从枪林弹雨中走来，几十年来，不怕牺牲，更不怕艰苦，可是唯独怕脱离群众，怕占公家便宜。这个走到哪里就奉献到哪里的党员干部，不怕失败、不怕磨难，就怕党的事业干不好、党的形象受到损害。张富清的两个儿子，凭借自己的努力当上了领导干部。他为他们自豪，也为他们操心。他说，一段时期以来，人们过于追求物质享受了，对自己手中的权力不是珍惜而是任意使用。领导干部，要过权力关，不容易；要过家人关，更难。张富清对他的儿子们说："我的心里一直爱着你们，心疼你们，却从来不为你们的工作或生活上的困难，去找组织提出任何要求，就是希望你们一生过得坦坦荡荡，踏踏实实。"

他经常教育孩子们："我有言在先，只供你们读书，你们要靠自己的本事考学、找工作，我没有能力也不会帮你们找出路，更不会用公家的权力给你们找工作！"有人劝张富清"灵活点儿"，他正色道："我是国家干部，我要把我的位置站正。如果我给我的家属行方便，这不就是以权谋私吗？对党不忠诚、对人民不廉洁的事，我坚决不能做！"他是这么说的，也是这么做的。分管机关，他没有动过利用权力为家庭改善住宿条件的心思；分管财贸，他没有为孩子多搞一点儿营养伙食，捞点儿油水；分管银行，他没有以工作的名义，为自己和家庭谋取半点儿私利。张健全记得，那年高考没有考好，情绪有点儿悲观，也希望父亲帮他想想办法。父亲给他写了一封信，鼓励他沉下心来学习，争取以后考出好成绩。他后来考上了师范学院，“得知消息那天，父亲特别高兴”。张健全说：“父亲一辈子坚守着他做人的准则：一切必须遵从党和人民的要求”，“符合的就做，不符合的就坚决不做！”“我们的日子虽然平淡，但过得踏实。这是父亲给我们的一笔无比珍贵的精神财富。在我们成长过程中，如果没有父亲那些看似无情的原则，我们绝不会让自己绝处逢生，今天我们静下心来回想那些曾经让我们流泪的往事，我们不得不说，有了父亲对信仰的坚守，有了父亲给我们树立的做人榜样，我们才能成为今天的我们，是父亲让我们的生活于无声处沉淀出融融深情。”说这些的时候，张健全的腰板挺得很直，脸上写满了骄傲和自豪。

回首往事，张富清说自己对每个孩子都很内疚，但是他从不后悔，因为他们都把堂堂正正做人当作了自己安身立命的根本，他们在大是大非面前保持了清醒，从来没有让党和人民失望过。

岁月静好。没有贪欲就没有恶念，没有居功自傲就能如酉水一样，静静流淌而利万物于无声，即使灾难不期而至，也会从容不迫。

2012年4月，88岁的张富清的人生，又一次遇到了一个差点儿迈不过去的坎儿。那年，他的左膝盖出现了脓肿症状，先后辗转县、州医院治疗，都不见好转，只好来到武汉的大医院救治。医生针对老人家的病情，反复研究后提出一个残酷的建议：截肢。这是一个让全家人都难以接受的建议。张富清得知这个治疗方案后，思想斗争十分激烈。“战争年代腿都没掉，和平时期却要把跟着自己出生入死的腿截掉了。”老人心里万分难过，这条腿曾经支撑着他一步步艰难地爬上了永丰镇城墙又飞身而下；帮助他辗转腾挪，快速接近敌人碉堡为部队扫清了障碍；陪伴他千里跃进新疆戈壁荒滩，屯垦戍边再立新功；更让他在来凤县高洞的悬崖峭壁上行走如飞，为高寒山区老百姓开凿出幸福路！这样一条写满传奇的英雄一般的腿，如今就要离他而去了。他颤抖着手一遍又一遍地抚摸着这条腿，心里有太多的不舍和遗憾。人生就是这样啊，我们总是会在猝不及防时面对太多的选择，很多选择必须付出沉重的代价，而我们又必须面对。

张富清知道，没有了左腿，他的生活会发生根本的改变，但是只要生命还在，他就可以多一些陪伴自己亲人的岁月，因为在已经流逝的时光中，他对自己的亲人亏欠太多。如今岁月静好，他要在持久的陪伴中，让老伴儿心有所依；让孩子们情有所寄；让鲜艳的党旗永远接受一个老共产党员的默默致敬！

从麻醉中醒过来时，老人伤心地向左腿看去，那条战功卓著的左腿已经永远离他而去了，心中禁不住万般惆怅。术后仅仅一周时间，老人就悬着空空荡荡的左腿下床，用自己苍老的手替代那条离去的腿，沿着病床艰难移动，试图站立、行走。医护人员不忍，告诉他伤口创面需要一个比较长的恢复期，过早的运动会牵动伤口引起剧痛，他这么大岁数会承受不了的！事实也确实如此。老人在训练中，每向前哪怕挪动一步，都感觉比当年自己抠着城墙的缝隙向上爬还要难。倔强的老人对自己说，无论多么难，自己也必须战胜这些难，因为在以后的岁月里，自己不仅不能成为他人的包袱，还要努力为家人做力所能及的事。在这样的信念支撑下，张富清咬紧牙关，七天后，就能用手扶着墙，用一条腿站立成一名坚强的战士！张富清表现出的顽强不屈，受到了医护人员的尊重，得到了病友们的称赞，更让家人万分心疼。

在旁人看来，很多80多岁的老人，手脚健全行走都分外困难，而失去了一条腿的张富清老人却坚持让自己站立起来，他要付出的代价该是多么巨大？回到家中，起初老人沿着床沿锻炼，后来又扶着墙壁练习走路，锻炼的时间长了，总有难以支撑的痛苦，老人家默默忍受着，每次要摔倒的时候就努力用手去抓光溜溜的墙壁。如今，张富清家里的墙壁上，依稀可见累累的抓痕，那是老人每次要跌倒、挣扎时留下的见证。很多人评价说，张富清是一个流血不流泪的人，不管遇到多大的困难，只要是组织上交给他的任务，他都会力排万难去完成。他的老伴儿孙玉兰却知道，为了用一条腿也能像正常人一样站立、行走，在练习中他跌倒了一次又一次，默默流泪，然后又悄悄擦干，支撑起身体继续坚持。孙玉兰很多时候都不忍心看下去，想去搀扶他，每次都被他婉拒了。他说：在战场上，子弹把他的头皮蹭起了一块，他连用手擦擦血的工夫都没有，今天这样的苦算得了什么？张富清真诚地对老伴儿说，如果不克服困难站起来，“我担心子女们为了照顾我，就不能安心为党和人民工作；我如果不能站起来，怎么可能与你相伴而行，走完我们相亲相爱的人生？”听到这些话，孙玉兰的眼泪不由自主地流了下来，她为自己当初的选择而自豪。当年千里迢迢追他而来，是孙玉兰人生中最正确的选择。几十年的风风雨雨中，孙玉兰有过委屈，但是更多的还是幸福和宽慰。

就是这样的执着，让张富清无数次悄悄擦去残肢蹭在墙上的血迹，无数次告诉自己必须坚持，因为只有坚持才有胜利。张富清老人胜利了，他让自己的人生在88岁时，又一次挺拔而起。墙壁上的这些抓痕和抹不去的斑斑血迹，向人们讲述一个老人意志的坚强，向历史映照出一个老人品质的高尚。我情不自禁地用手细细地抚摸着那些隐约可见的痕迹，在苍凉的墙壁上，感觉到了热血的奔涌，也感觉到了生命的温度和脉搏的跳动。一个有着这样顽强意志的人，有什么困难可以阻挡他？！一个这样处处为他人设身处地着想的人，有什么邪恶可以吞噬他高尚的灵魂？！

烈士暮年，壮心不已。经过近一年的锻炼，老人不但借助假肢顽强地站了起来，还用行动兑现着自己对老伴儿的承诺。他时常借助助行器在家帮老伴儿打扫卫生、择菜，做一些力所能及的家务活。有时候，他还会同老伴儿一起去菜市场买菜，去生活超市买日用品。他要用自己的努力付出，告诉相亲相爱几十年的老伴儿，这样的生活，他们其实也可以过得很好！街坊邻居看到相扶相携的两位老人，都会由衷赞叹，说这样一对夫妻才真正活出了境界，活出了格局，活出了自己的天地。看到人们敬佩的目光，听到人们赞叹的评价，张富清很自豪。他一生没有追求过他人的赞美，但是在这样的状况下，老人说，他很开心。因为他的努力，再一次证明了自己毕生追求的信念是正确的："人生要追求自立，只有自立了，才能活得有价值，才能得到应有的尊重。"

在张富清老人的卧室里，我看到了老人的那条假肢。肉红色的假肢，一尘不染地伫立在床头，假肢的"脚"上穿着鞋，鞋带系得一丝不苟。猛地看到这条假肢，我的心产生了悸动。我情不自禁地用手去摸了摸假肢。它凉凉的没有一点儿温度，更没有皮肤的亲切。据说假肢有 20 多斤重，它虽然能帮助一个 90 多岁、左腿截肢的老人行走，但却要让老人承担起 20 多斤的重量，一步步向前。老人一直很珍惜这条假肢，因为在关键时刻，它会无声无息地帮助老人挺立。

88 岁的张富清，在生命不能承受之轻或者之重的选择面前，以失去一条腿的代价，成为一个无可争议的胜者。

有人说，张富清的心很大，满满装着党和国家的利益；张富清的心又很小，小到完全装不下自己。

张富清的左腿截肢七八年了，残肢一年比一年萎缩，用旧了的假肢早已不匹配了。但他怕更换假肢又要花费国家的钱，就自己在家里用皮子垫了又垫，凑合着用。结果那些摸着柔软的皮子，活生生地把老人早已愈合的伤口又磨出了血。他的赫赫功名被媒体报道后，组织上考虑到张富清老人已 95 岁高龄，生活起居很不方便，想把他的住房环境改善一下，他连忙说不用。他是离休干部，按国家规定可以安排专人照料他的生活起居，他依旧只有一句话："不能给组织添麻烦。"面对大家的关心和照顾，张富清掏心掏肺地说："我已经离休了，不能再为国家贡献什么，能够节约一点儿是一点儿，也算是我在继续为国家作贡献。"这样的境界，不能不让人肃然起敬。

"能够节约一点儿是一点儿。"来凤县建设银行现任行长李甘霖对张富清处处为国家着想的品格，钦佩不已。据李甘霖介绍，2018年11月，他得知张富清要去做白内障手术，手术需要植入人工晶体。手术前，他嘱咐老人："您是离休老干部，医药费全部报销，可以选好一点的晶体，确保治疗效果。"结果结束治疗回来报账的时候，李甘霖发现张老选择的是价值仅3000多元，最便宜的人工晶体。李甘霖对此很有点儿难过，他对老人说："您去的时候，我就对您说过，要用好一点儿的晶体，别说您是离休老干部，就冲着您是我们建行的创办人之一，为我们作的贡献那么大，我们建行也可以为您报销一个更好一点儿的人工晶体呀！"张富清回答说："我90多岁了，不能再为国家作贡献了，可是我能做到为国家节约一点儿是一点儿，也算是为国家贡献了一点儿力量呀。"张富清还告诉李行长："医生给我推荐了7000多元到2万多元的人工晶体，可是我听同病房一位病友说，他选择的是3000多元的，医生说3000多元的也可以用。我就想，病友是个普通老百姓，他只能选用这样价位的，我为什么不能同他一样也选用这样价位的呢？于是，我就选了跟病友一样的。"

一切都很自然，没有半点儿矫揉造作，没有半点儿虚情假意。张富清始终把自己当作一个普通老百姓。这一切，都源于血与火、生与死的战场上的锻造，源于他对那支英雄的部队和战友们的深切怀念，源于他对共产主义信仰的无限忠诚。

岁月有情。2019 年 3 月 2 日，对于张富清老人而言是一个特殊的日子。那天，老人的家中迎来了两位特殊的客人。张富清原来的老部队、新疆军区某部从媒体上了解到他的事迹后，特意委派两名军人前来探望老人。

“门口的绿军装一闪，他就激动得从沙发上挣扎起来，双手拼命撑着扶手，浑身都在使劲，硬生生用一条腿站了起来！”回忆那天的情形，张健全的眼眶湿润了。

客厅里，年轻的战友庄严肃立，朗读起全团官兵写给老英雄的慰问信。张富清的听力很差，战友念一句，老伴儿就凑在他的耳边“翻译”一句。当战士念到“三五九旅”“王震将军”时，张富清无须“翻译”竟听清了，先是兴奋地拍手，然后又激动得落泪。张富清在心里认定，那天是他离开部队 60 多年来一个最重要最特别的日子。为了迎接战友，老人家破例特意将自己珍藏了多年、秘不示人的军功章全部拿了出来并佩戴在胸前，以一个威武的军人形象，英姿飒爽地挺立在那里。

望着父亲精神抖擞的样子，张健全偷偷抹去眼角的泪水。张健全知道在父亲的心里，他永远是一名战士，永远是共和国一名光荣的军人。这一生，如果说父亲还有什么个人心愿，那就是再次穿上当年的军装，回到他热爱的队伍中去。

多少年了，这是张富清第一次把自己一直精心珍藏的军功章完整地佩戴在胸前；这是60多年来，张富清第一次向人们宣告：我曾经是一名为祖国出生入死的战士！我永远是祖国和人民的一名老兵！在军功章的辉映下，他第一次面对战友，说出自己的心里话："我们的新中国就要庆祝成立70周年了，作为一名军人，我期盼着我们的祖国早日统一，更加繁荣昌盛；希望部队官兵坚决听党的话，在习近平主席的强军思想引领下，苦练杀敌本领，保卫和建设好我们的国家。"

离别的时间到了，张富清又一次坚强站起，挺直脊梁，向老部队的战友们行了一个庄严的军礼。老人家万分不舍，泪水模糊了他的双眼。他真想拉着年轻战友的手，与他们一起迈着威武的脚步回到军营。他真想与这些英姿焕发的战友们一起跃马横枪，驰骋疆场啊！可是今天，老人家只能用一条腿顽强地挺立着，一丝不苟地用军礼为战友送行。回到部队后，新疆军区某团政治处组织股股长还清晰地记得那个场景。他对战友们说："我看到老前辈眼里亮晶晶的。"他说自己懂了，老人的眼中，有与战友久别重逢的喜悦，更有对青年一代军人郑重交付的嘱托。

一石激起千层浪。回到部队，专程看望老英雄的战友们，怀着激动和敬佩的心情，把老英雄的故事讲给战友们听。壶梯山战斗，临皋遭遇战，永丰战役，千里转战新疆屯垦，等等，部队辉煌的过去，立马鲜活地呈现在每一个战士眼前。全团官兵热血沸腾："我们这支英雄的部队，因为老战友们英勇奋战，不怕流血牺牲，创造了多么辉煌的历史啊！我们一定要继承前辈的光荣传统，为英雄部队增添新时代的光彩。""作为一名战士，我要像老前辈那样，苦练杀敌本领，争当优秀士兵。"一名战士说。"作为新时代的官兵，我们要发扬老前辈'一不怕苦，二不怕死'的精神，哪里需要哪里去，哪里艰苦哪'安家'。"一名干部说。

"英雄事迹彪青史，传承尚需后来人。"新疆军区某团政治委员说，“历史的接力棒交到我们手中，一定要传承好老前辈的优良传统，把打胜仗的使命扛在肩头，猛打敢担当，猛冲不畏惧，猛追夺胜利，高标准完成党和人民交给我们的任务。”

张富清的事迹传开后，老人曾一次次拒绝媒体采访，更不许儿女对外宣扬。小儿子张健全只好对老人做思想工作：“习近平总书记要求全党全军全国人民不忘初心，您把您的故事说出来，对社会起到的教育和鼓舞，比当年炸碉堡的作用还大。”儿子甚至还用幽默的语言对老人说：“您一辈子都在当‘突击队员’，都冲在最前线，现在又到了您当‘突击队员’的时候了，您不想冲锋了吗？”老人觉得儿子的话很有道理，对于自己如何对待“功勋”的态度，“突然有了 180 度的转弯”。他说：“只要党需要我冲锋陷阵，我完全听从党召唤。”

“有几次采访正赶上父亲截肢后的断腿疼痛发作，但是他认为自己在冲锋陷阵，暗自忍受着，没有流露出半点痛苦的表情，连休息一下都不提，其实早已疼得一身透汗。”张健全说。从深藏功名到高度配合，张富清的选择，始终是遵从初心，遵从党和祖国的召唤。

在张富清的心里，家事再大是小事，国事点点滴滴是大事。在母亲去世20多年后，张富清离休了，终于有了踏上故土，祭拜母亲的机会。一踏上汉中市洋县马畅镇双庙村那块熟悉又陌生的土地，张富清的心里就激情奔涌。他在心里念叨着：故土啊，亲亲的故土，孩子离别几十年又回来了。对于“乡音未改鬓毛衰”的张富清来说，过去熟悉的故土变得陌生，他心中百感交集。这无疑是一次迟到很久的祭拜，这肯定是一次痛彻肝肠的祭拜。在那次祭拜母亲又过去了很多年的今天，我们小心翼翼地同老人谈起了这个话题。我们问老人家：当您跪到母亲坟前时，是不是有一种特别悔恨的感觉？我们知道这个问题对老人有点儿尖锐或者不厚道。老人却坦然地回答我们：我当时几乎什么都没有想，只是一下子就跪了下去，在我跪下去的那个瞬间，母亲仿佛站在了我的面前。我泣不成声，拉着母亲的手对她说，娘啊，您不孝的儿子回来了，请娘原谅儿子回来得太晚太晚。我坦率地对母亲说，娘啊，从恩施来凤到陕西汉中洋县的路途太远，儿子实在是不能抽出太多的时间回来为您送行，更不能为您下跪行孝。如果那时候我离开了，群众的粮食问题可能就会因为工作开展不顺利而无法得到保障，儿子必须坚守岗位。娘啊，儿子的这些坚持，都是跟您学的！您一辈子都是宁肯委屈自己，也不给他人添麻烦的人。您肯定会支持我把工作干好，您肯定高兴我做一个不给组织找麻烦的人。自古忠孝难两全，在无法尽孝的时候，我努力把工作做到最好，也是对您的最好报答，也应该是您高兴看到的。

张富清告诉我们，就像他对几个孩子一直心怀愧疚一样，他对母亲也满是愧疚，但是他从来没有悔恨过。因为他这样做，不是为一己之私，不是怕承担责任，而是为了更大的公平正义，为了更大的责任担当。因此，孩子们都理解他，都自己努力成长为所在单位和部门的先进分子。今天最让张富清老人欣慰的是，他一家四代有六位中共党员。

张健全概括他父亲的特点，只有一个词："平凡"。他说，从转业到离休，数十年如一日，父亲就是党和人民的一块砖，哪里需要就往哪里搬，从来不讲条件。他乐观、朴实、真诚，在大家的印象中，他就是这样一个平凡而纯粹的人，和普通老百姓没有什么区别。张健全对这样一个十分"平凡"的父亲的感情，内心除了敬佩就是骄傲。张健全告诉我们，父亲离休后终于可以把自己的家当作“家”了。回到家里的父亲，在母亲面前不再是过去那种“铁面无私”的形象，反而像孩子一样单纯可爱。他们完全想不到，过去几十年没有操持过家务的父亲，原来是打理家庭日常生活的一把好手。父亲还变得和蔼亲切，幽默风趣。离休回家，父亲从过去的“甩手掌柜”，立马自我“提拔”成了家里的主要劳动力，无论是买菜、洗衣、收拾屋子，都很内行。他把家具擦得锃光瓦亮，衣被叠得整整齐齐，角角落落都清理得一尘不染，样样做得有条有理。为了让母亲有更多的时间休息，父亲还故意对母亲说：“你炒的菜不如我炒的好吃，你做的饭没有我做的可口。”说着说着就把母亲手里的锅铲抢过来，忙碌开了。

离休生活30多年，这对相濡以沫的“贫贱夫妻”，把在艰难岁月中相互之间无法表达的关爱，在日常生活的点点滴滴中找补了回来。张健全告诉我们，上个月，母亲孙玉兰突发心梗，父亲拖着一条腿扑到母亲担架前，紧紧攥着她的手说：“他们说把你送到医院去，你一定要挺住！就在医院安心治疗，不用为我担心，不用为我担心啊！”张健全说，看到那个场面，他们所有的兄弟姊妹，都失语而肃穆。谁说父亲对他们一直严厉而缺少关爱！谁说父亲的心中只有工作而缺少温情！天底下哪里去找这样刻骨铭心的牵挂和催人泪下的场景！

好的家风必将孕育出一个和谐的家庭，影响和培育出优秀的后辈。我们不妨来读一读张富清的孙女张然，在得知了爷爷的“身世”和见证了爷爷的“功勋”之后，写下的一篇情真意挚的文章《不哭的爷爷》：

我自幼沐浴着爷爷温暖而慈祥的目光，受他言传和身教的影响。我在成长中，逐渐感知到爷爷朴素而坚毅的品格。同时，我也和大家一样，不断地在读着他的故事。

在我的印象中，爷爷是一个从来不会哭的人，我从小见到和听父辈们讲述的都是如此，从没人见他哭过，从没见他掉过一滴眼泪。他就像家乡一座坚韧沉默的大山，矗立在我们的心头。

前几年，88 岁的爷爷，膝盖发炎化脓，高烧不退，在本地治疗没有好转，最后到武汉治疗。刚开始医生为了保住爷爷的腿，实行保守治疗，注射一种抗菌药。医生说这种药注射后会产生呕吐、恶心的感觉，一般人都忍受不了。医生给爷爷注射了40多天，爷爷却奇迹般地忍住了。为了配合治疗，他强忍药物反应，每顿坚持吃几口饭，皱着眉往下强咽，我们都心疼不已。治疗的医生感到很吃惊，医院科室里很多年轻的医生因为敬佩爷爷，都跑来爷爷的病床前合影。后来，爷爷的病情加重，必须截肢，我们都替爷爷捏着一把汗。做完截肢手术，爷爷被医生从手术室推出来，整个人变得都快认不出来了。想到爷爷88岁高龄不仅要遭受病痛折磨，还要面对失去一条腿的打击，尤其是从此再也站不起来、不能行走，该是何等的残酷和悲伤！我们在场的亲人全都忍不住掉下眼泪，可爷爷却没哭。他枯槁、疲惫的脸上透露出军人的气质与坚强。他很平静地对我们开玩笑说："战争年代都没掉的腿，和平时期却把它掉了！"

截肢后，爷爷不坐轮椅，坚持凭借顽强的毅力与不懈的锻炼，独自练习站立和行走。他靠着墙、靠着床铺练习，一次次摔倒，一次次重新站起来，不知摔了多少跤。一个年近九十的老人，像没有大人搀扶的孩子一样，开始了艰难的“蹒跚学步”。手术创面多次碰撞在墙上，血涌了出来，染红了墙壁，我们都觉得疼痛难忍，爷爷却始终没有放弃，只是咬着牙、喘着气坚持。几个月的坚持，爷爷终于可以用双手撑着墙壁走路了。每次见到他吃力地向前挪动，看见汗水湿透他的背心，看到他的腿在墙上蹭出的血迹，我心里总是隐隐泪流。作为他的孙女，既心疼爷爷承受的痛苦，又为爷爷感到十分自豪，那是一个老兵绝不畏惧的又一次冲锋。

面对病痛，爷爷不哭；面对困难，爷爷同样不哭。爷爷对组织的关怀总是谦让，从不想给组织添麻烦。我常听父亲讲困难年代的情形，一口锅炒饭，或玉米饭或土豆饭，全家六口人盛上六碗，孩子们总是瞅着哪碗多一点，希望分到自己手里。爷爷总是端最后剩下的那一碗，看见哪个孩子狼吞虎咽吃完，还舍不得放下碗，就会把自己碗里的给孩子用筷子拨点，奶奶看到了又会给爷爷拨点。一家人，互相关心着，都不哭，一起把那些艰难的日子过得充满温情。

那时候，爷爷驻队在边远的村寨。一次，爷爷很久没有回集镇上的家了，父亲告诉我，他和小姑非常想爷爷了，于是，兄妹俩约着去看爷爷。那天他们兄妹两人不停地走，走了十多里路，天已经黑了，才来到了爷爷驻队的地方。兄妹俩就向老乡问路。老乡看见两个小孩子走得浑身是汗，又累又饿，就给了他俩一碗土豆吃。吃完后，点上火把，又把他们送到爷爷住的农户家里。爷爷看见两个孩子来了，显得很高兴，他把两个孩子安顿在地铺上休息，叮嘱他俩天亮后自己回家，因为他明天一早还要同村民一起去修公路。第二天一早，父亲和小姑醒来，发现爷爷真的已不在屋子里了，地铺上放着一碗红薯和几个土家茶泡。二人只好吃了东西回家。他们回家后，奶奶问明了情况，叹气摇头，要求他们再也不要随便去看爷爷了。因为奶奶知道，在群众和亲人的选择上，他一定会首先选择前者。但是，直到今天，我的父亲和小姑都还记得老乡给他们吃的那碗土豆。那个年代，大家的粮食都有点儿紧张，那碗土豆，正是爷爷的精神感动了老乡，从而进行的一种朴实的回报。

爷爷生活简朴，他习惯了这样的生活，非常满足现在的生活。尽管家里还是老式水磨地坪，很多家具还是六七十年代的，但是爷爷一直在用。家里的餐桌是爷爷用捡来的五夹板做的桌面，拖把是爷爷用碎布条做成的，就连阳台上的小花盆都是爷爷用小药瓶子拼成的。很多年前全国人民慰问解放军代表团发给他的一个搪瓷缸子补了又补，还是舍不得扔。很多时候，爸爸看见爷爷的内衣由于穿了多年，袖口失去弹性、领口破出一溜小洞，锯齿一样露着，他觉得很难为情，也会发几句牢骚。这时爷爷总会笑着说："你们给我买的衣服我都放在箱子里，旧的穿着对皮肤好！"爸爸只好无可奈何地笑笑。

爷爷从参加工作到现在，没有和奶奶外出旅游过一次。有时候，我们问起爷爷的想法，爷爷会害羞地说，还想去趟北京，再看看天安门！当时我在心里暗暗地说，只要爷爷身体条件允许，我一定帮爷爷实现这个愿望。现在我才深深体会到，这是一个为共和国流血的战士，一个老兵对祖国的深情。

除了腿不方便，爷爷其实还忍受着其他的病痛。随着媒体对爷爷事迹的报道，我也才知道，当年在战场上，爷爷的皮肤被敌人的燃烧弹烧伤，留下了后遗症，年纪越大，后遗症越是厉害。现在爷爷的皮肤总是痒，需要擦药，否则就会痒得他无法睡觉。但是，军人出身的爷爷从来不在外人面前抓挠，而且总是扣着风纪扣，端正身子坐着学习或接受采访，一坐几个小时，不动不摇。

爷爷不哭，但是这种印象前不久有了改变。今年3月2日，他当年的老部队派代表来看望他。看到部队来人，爷爷显得特别高兴，郑重地穿上与当年一样的军装。爷爷神情肃穆，仔细听着老部队代表朗读慰问信，当他听到自己老部队的番号，一下子变得无比激动，眼神也熠熠生辉。没有任何的计划和安排，他突然想要站起来。在场的人都很吃惊，因为95岁的爷爷现在只有一条腿，而且当时他的拐杖不在身边。爷爷却出人意料地用一条腿颤颤抖抖地站起来了，然后，缓缓地举起右手，对着部队代表行了一个标准的军礼，部队代表也回敬了军礼，那幅画面让人永生难忘：两套新旧不同的军装、一个标准的军礼，成为永远的定格。一个老兵，从战火硝烟中穿行而来的老兵，用一个牢记了大半个世纪的军礼，表达了他所有的情感。那一刻，我的爷爷，一个我的记忆里从来没有哭过的老人，禁不住双泪长流，在场的人也都默默流下了眼泪。我猜想，爷爷的眼里，一定闪现着鲜艳的军旗，一定闪现着那些浴血疆场的镜头，一定闪现着长眠在地下的战友依稀的模样……那是对军人永恒的敬佩，对祖国和人民永远的挚爱，对共产主义信仰最恒久的忠诚！

长到这么大，第一次看见爷爷哭了，但我知道那不是泪水，那是他深藏了大半个世纪的笑容！因祖国的强大，因人民的幸福，因盛世太平的感动！爷爷的小儿子，同样平素内敛沉默的我的父亲张健全，在那一刻，也泪如雨下，当晚，情绪激动、不能入眠的他拿出纸笔，用多年没有写过诗的笔写下了一首诗——

《老兵的军礼》：

部队来人了，
老兵心中掀起波澜，
面对着军人军装上的军徽，
老兵用一条独腿，
坚强地站立，
缓缓举起僵硬的右手，
庄严地行上军礼！
…………
硝烟中铸就忠诚，
烈火中书写军魂，
九死一生犹未悔，
只因那坚定的信念和军人的勇气，
只因心里，
飘荡着血染的军旗！

读着张然的文章，我的耳旁响起了一首激情满怀的歌曲：“革命人永远是年轻，他好比大松树冬夏常青，他不怕风吹雨打，他不怕天寒地冻，他不摇也不动，永远挺立在山顶。”这是一首鼓舞士气的歌曲，中华的优秀儿女唱着这首歌，意志坚定、激情饱满地奔向祖国最需要的地方，都是在歌唱中牢记自己的使命，为祖国和人民奉献自己的力量。张富清独腿挺立行军礼的画面，就是大松树“永远挺立在山顶”的诗意定格，就是一个永远的老兵对祖国最深情的致敬。

1985 年，张富清光荣离休了。但是他记住了“革命人永远是年轻”，记住了自己永远是一名中共党员。他告诫自己，工作可以离休，政治学习和对党的忠诚，永远也不能“离休”。来凤县建行现任行长李甘霖清楚地记得，2015 年来凤建行进行党费清理、规范的时候，张富清因为行动不便，就率先让老伴来到银行办公室，询问分管组织工作的负责人，他需不需要补交党费，调整之后他每个月党费应该交多少，每月什么时间交。他说交党费的事绝不能含糊。

从解放军防空部队文化速成中学，到来凤县边远的三胡区和卯洞公社，再到建行中心学习小组，95 岁高龄的张富清，至今仍坚持每天读书看报看新闻，他一旦看到很精彩而有价值的东西，都会采用剪报、摘抄、写心得体会的方式加以特别强化学习。他对国内外大事也十分关注。所以在中国建设银行党委书记、董事长田国立看望他的时候，老人家对中国建行的业绩和在世界银行中的地位都十分了解。他说："工作上离休了，在思想政治上不能离休。要常常学习，检查自己和提高自己，才能做到不给组织找什么麻烦，不向组织提什么个人要求。"他的学习记事本上，对"学习"有着自己朴实和充满警示意义的认识："学习是进退的分界线。学则必然进步，不学必定后退，退到不作为、乱作为。不注意改正，久来久去，很可能退到自取灭亡的地步。"

在张富清床边的写字台上，有一本2016年版的《习近平总书记系列重要讲话读本》，格外引人注意。这个读本的封皮四周已经泛白，甚至有了磨损，显然是读书人经常翻阅所致。读本里的页面上经常写有心得体会，还有醒目的红色圆点和波浪线。这些标记让我们看出读者不仅是在读书，而且是在用心思考着读书。我们不妨看看阅读者张富清在读本第110页对一段文字做的笔记吧："要不断改造主观世界、加强党性修养、加强品格陶冶，老老实实做人，踏踏实实干事，清清白白为官，始终做到对党忠诚、个人干净、敢于担当。”有人问：张富清为什么始终如一地有着坚定的信仰？为什么几十年如一日坚守初心？我们应该静下心来，认真读一读张富清在读本上做的笔记，对照这段简短的文字，仔细想一想，问一问自己：我们是否做到了“老老实实做人，踏踏实实干事，清清白白为官”！我们是否能无愧于心地大声说自己“个人干净”！如果我们每个共产党人都能够肯定地回答这个简单的问题，我们就可以同张富清一样，一辈子忠于信仰，坚守初心。

从战争年代里，他在枪林弹雨中为人民求解放，大义凛然视死如归；到和平年代里，他在付出和得到的选择上坦然面对自我牺牲；再到骨肉亲情，在永远的阴阳两隔和事业的轻重取舍上他为国家而割舍亲情……张富清对党交出的永远是一颗鲜红的赤子之心。

张富清的一生，从没有一刻躺在功劳簿上。面对这样一位坚守初心、不改本色的英雄，我们除了致敬，更应懂得他的选择自有他的意义。“他完全可以提要求，向组织讲条件。他完全可以躺在功劳簿上，安逸闲适地度过余生。”来凤县委巡察办主任邱克权听说张富清的事迹后，利用工作之余查阅大量资料，自愿承担起挖掘梳理张富清事迹的工作。从好奇到感佩，邱克权感到，越是走进老英雄平淡的生活，越能感受到一名共产党员强烈而炽热的心有力的搏动。“什么是牢记宗旨、坚守初心，什么是淡泊名利、襟怀坦荡，他就像一面镜子，映照出平凡中的伟大。”

深藏功名60多年的张富清，一直恪守着“什么都不说，祖国知道我”的原则。无论工作中遇到多大的困难，无论自己受到多大的委屈，无论亲人和同事们对他曾经有过多大的误会，他都会告诉自己，要牢记当年火线入党时的誓言。他会不断提醒自己：“比起那些长眠在地下的战友们，我所做的一切有什么值得拿出来作为资本向党讨价还价呢？”有时候压力实在太大了，他就会一个人悄悄来到酉水岸边，把自己的矛盾心情，把自己的委屈和苦恼，把自己的思想斗争，对酉水低声倾诉。酉水静静地来，又静静地去，无声地告诉张富清：上善之水，利万物而不争，你做到了吗？你可曾知道，当年那么多的战士，他们一个个雄赳赳气昂昂地唱着战歌，满怀壮志地从我的身边出发，从此南征北战，英勇杀敌，可有几人归来？今天，只要你的心中还有鲜艳的党旗在迎风飘扬，你就不会觉得委屈，你就能坦然面对那些困难、那些杂念。每次在酉水边坐过想过之后，张富清的心里就亮堂起来，就意识到自己深藏功名是一个正确的选择。是的，作为一个革命者，作为一个决心为信仰奋斗终身的人，如果每天都生活在患得患失之中，如果每天都在为自己苟苟且且，这样的人生还有什么价值呢？他人有他人选择不同价值观的权利，我有我自己对信仰的忠贞，活出我自己的追求，活在我自己的信仰之中，无愧于心，无愧于天地，人生之大幸！

岁月有情，道义无所不在。谁也没有想到，张富清在平静安详的95岁时，又一次迎来了人生的一个重大时刻——来凤县退役军人事务局要采集退役军人信息。张富清让儿子张健全替他去登记，张健全十分自信，跟着父亲生活成长近60年了，“父亲的那些事”，无非就是在西北当过兵打过仗，在新疆开过荒种过地，后来又差点儿到朝鲜打击美帝侵略者，然后被组织选调到学校学习，紧接着放弃了回老家或者留在城市里工作的机会，选择了到边远贫穷的来凤山区支援山区建设。在一个陌生的地方，父亲无非是在粮食供应最困难的时候当上了走村串户的外来“粮贩子”；无非是在来凤最边远贫穷的三胡区任职时，毅然让母亲辞去了那份让很多人羡慕的工作，成为街道上一个做零工挣分分钱的打工者；无非是在卯洞公社任职时，主动请缨到最闭塞的高洞管理区睡农民的柴草房，不顾生命安全把自己吊在悬崖峭壁上开山凿路……张健全一一数下来，突然觉得这些事看起来很平凡，却在平凡中彰显出一种伟大的品质和情怀。他突然想到了一段话：一个人能力有大小，但只要有毫无自私自利之心的精神，就是一个高尚的人，一个纯粹的人，一个有道德的人，一个脱离了低级趣味的人，一个有益于人民的人。张健全在“盘点”中除了敬意，也有着几分心酸，这一桩桩一件件的往事，今天的许多人看来，平凡得有些琐碎甚至不值一提，但是在当时不仅有父亲的无私奉献，也有他们全家的牺牲啊！

张健全告诉父亲，这次对老兵的调查登记十分重要，希望父亲积极配合。张富清听了儿子的要求，半天没有说话，只是看着儿子欲言又止。曾任来凤县政法委常务副书记的张健全，自然知道讲究工作方法，对于父亲最好的方法就是告诉他，这次如果不把详细情况说清楚，就是不服从党组织的要求。这一招立马见效！张富清拄着拐杖从沙发上站了起来，示意张健全跟着他来到卧室。在父亲的指点下，张健全搬出了那口跟随父亲几十年的皮箱。皮箱一直放在柜子上，看起来干干净净，看起来这口皮箱经常被父亲擦拭。

张富清让张健全走到一旁，自己则颤抖着双手，摩挲着皮箱。皮箱虽然干干净净，但是显然已久经岁月而陈旧了。久久，久久，久久地摩挲之后，老人缓缓地把皮箱打开。皮箱打开的那一瞬间，张富清激情难抑，张健全自己也眩晕了。父亲的全部秘密，第一次在他人面前暴露无遗。张健全对我们说："我至今都还不敢相信，我们的父亲，我们从来心静如水的父亲，没有对我们透露过半点口风的父亲，在我们心中一直老实巴交，任劳任怨，对工作从不讲价钱，专挑重担的父亲，居然有着如此辉煌得让人震撼而炫目的荣光！"张健全还说："我当时最真实的想法就是以一个共产党员的名义，给我的老父亲一个最深情的拥抱。"

"我以无比崇敬的心情，把父亲搀扶到沙发上坐下，然后站到父亲面前，亲切地叫了一声爸爸，再也说不出话来。"我们都无法设想，如果是我们自己在那样的场景下，面对这样一位深沉的父亲，我们心中会涌起什么样的情感波澜，我们会用一种什么样的方式，向自己如此英雄的父亲表达我们的敬意。张富清从儿子异样的表情中，看出了儿子心灵受到的震撼。他慈祥地把儿子拉到自己身边坐下来，提出了自己的要求。他说："为了配合组织开展工作，这些东西可以向组织讲，但是希望你不要向其他人讲。已经过去60多年了，这一切只能说明过去，没有必要让过多的人知道我的过往。几十年来，我在工作中遇到困难时，都会拿出它们来看看想想，它们可以为我提供战胜困难的力量；当荣誉和利益摆在面前时，我也会把它们拿出来看看想想，看到它们，我就看到了那些与我一起出生入死的战友们，他们为了我们今天的幸福生活，命都没有了，我还有什么理由去争夺荣誉和利益，计较个人的得与失呢？"

当张健全小心翼翼地用一块红绸子包住父亲的"秘密"，十分郑重地送交到来凤县退役军人事务局时，现场所有的人，都肃然起立，没有一个人不被震撼。"勋章的光芒，照亮尘封的往事。"这是来凤县退役军人事务局信息采集专班工作人员聂海波后来说的一句很诗意的话。他是信息采集专班的工作人员，也是最早接触这些“秘密”的“外人”。回想起 2018 年年底，他第一次看到张富清家人带来的材料，他的内心至今还惊讶与激动着。“张富清的一生，铮铮铁骨。英雄无言，他的光辉经历却掷地有声，让我明白了人要以怎样的方式度过一生，才是有意义、有价值的。”聂海波说。

张富清，这位出生于 1924 年的老人，在解放战争的枪林弹雨里立下了赫赫战功：被西北野战军记特等功一次，荣立军一等功一次、师一等功一次、师二等功一次、团一等功一次，并被授予军“战斗英雄”称号和师“战斗英雄”称号。消息不胫而走，中华大地迅速传遍了张富清老人的名字。

中共中央总书记、国家主席、中央军委主席习近平对张富清同志先进事迹作出重要指示，老英雄张富清 60 多年深藏功名，一辈子坚守初心、不改本色，事迹感人。在部队，他保家卫国；到地方，他为民造福。他用自己的朴实纯粹、淡泊名利书写了精彩人生，是广大部队官兵和退役军人学习的榜样。要积极弘扬奉献精神，凝聚起万众一心奋斗新时代的强大力量。

70 年砥砺奋进，70 年苦难辉煌。2019 年正值中华人民共和国成立70周年，14亿中国人在习近平新时代中国特色社会主义思想的指引下，意气风发，斗志昂扬地行进在壮阔的中国道路上。一个有希望的民族不能没有英雄，一个有前途的国家不能没有先锋。时代需要英雄榜样力量的引领，革命事业需要楷模情怀的示范，中国的美好前程，需要一代代英雄和楷模传递接力棒，书写爱国奉献、矢志不渝的篇章。

关于英雄，关于时代楷模，西南政法大学教授程德安有这样的论述：英雄是时代的标杆，英雄精神是指引我们前行的明灯。我们每一个人，只有把个人梦融入中国梦，在平凡岗位上用刻苦奋斗实现一个个“不平凡”，我们才能把习近平总书记的要求落到实处，凝聚起万众一心奋斗新时代的强大力量。

张富清是一位深藏功名几十年的大英雄。与张富清在一栋楼里生活了30多年的老街坊们听到这个消息，开始都不相信，这个慈眉善目、对街坊邻居客客气气的老人，是一个立下大功的英雄！他就在我们身边，可是他从来没有在我们面前表现自己的了不起呀！董香彩、叶明理等人都与张富清有过在基层共事的经历，但从来不知道他立下过赫赫战功。他们感叹说，这位老人家的“保密”工作做得也太好了。

消息传开了，湖北省军区司令员来了，一来就问老人家需要什么帮助。一切都来得有点儿突然，让习惯了岁月静好的张富清老人一时半会儿有点不太适应。湖北省恩施军分区司令员来了，他拉着老人的手向老战士表态：“作为新时代的军人，我们要铭记英雄、崇尚英雄，学习英雄一不怕苦、二不怕死的战斗精神，做到召之即来、来之能战、战之必胜，同心共筑强军梦。”张富清说：“听到这样的话，我心里很踏实，我们的军队必须在保卫国家和人民的安全上绝不含糊。”

5 月 28 日，新疆军区政治工作部下发通知，号召全疆部队进一步深入学习习近平主席对张富清同志先进事迹作出的重要指示，将学习张富清同志英雄事迹纳入部队思想政治教育统筹安排，作为党委中心组带机关理论学习的重要内容，并利用教育日和党团活动等时机全方位开展“学英雄、当英雄”活动。

正在刚果（金）执行维和任务的新疆军区某工兵团，前身部队为原西北野战军三五九旅一部，该团官兵与国内战友异地同步学习张富清老英雄先进事迹，并围绕“学老英雄精神，争当维和尖兵”“传承英雄精神，苦练杀敌本领”展开讨论交流。张富清听到老部队的新战友们走向了世界，承担起了维护世界和平的重任，十分自豪。这样的消息也让他想到了心目中的英雄彭德怀元帅，想到了他们三五九旅的老旅长王震将军，想到了那些与他一起出生入死的战友们，想到了正是因为有一代代共产党员的奉献和牺牲，才有我们国家今天的繁荣富强，才有人民生活的富足安康。同时，他也想到了自己生活在如此幸福的时代，只能感恩，不能向党和人民提出任何非分的要求。所以面对接踵而至的采访、慰问、看望和关怀，张富清多次强调："在战场上也好，在和平建设时期也好，我就是完成了党交给我的任务，这都是我应该尽的职责，说不着有什么功。"他心里只装着一个念头："党教育培养我这么多年，我能为人民做点有益的事情，党群关系密切了，再苦也知足了。"

静好的岁月似乎被打破了，但是张富清老人内心的宁静却依然如故。我问老人：现在腿脚不利索了，您不能再去凝听酉水的低语，不能再向酉水诉说您的心思，您想念酉水吗？老人平静地告诉我：一个人内心宁静，就可以听到自己想听的声音；一个人内心坦然，就可以排解一切杂念而不悲不怨。就像今天，我可能再也不能去酉水河畔了，但是 60 多年间酉水养育了我，启发了我，也成就了我，酉水已经如同我的生命一样重要了。即使我今天可能再也不能去亲近酉水了，但我的内心早已与酉水融为一体。有人问我，几十年任劳任怨，心里委屈过吗，我说，人人都有七情六欲，很多时候我也有过委屈甚至难过，但是当我夜深人静从皮箱里拿出那些闪光的奖章时，我的心真的会很快平静下来。那是我忠诚信仰的见证！人，没有信仰，没有忠诚，就活不出自己的价值，活不出人生的分量。习近平总书记号召大家学习我，越是这样的时刻，我自己心里越是要明白，我只是尽了一个共产党员的本分。

其实，生活中的张富清是一个非常有趣而可爱的老人，青年时代也喜欢用文字表达情怀。充满诗意的文字记录着他的心迹：“勋章箱底压，子女犹未白。整天一脸笑，只知是老兵。”短短 20 个字，晓畅中透露出幽默风趣，情怀的表达里还刻画出乐天的人物形象。老人还告诉我们，他有一张年轻时的照片，是他转业时拍的，一直压在那个宝贝皮箱的箱底。照片上，他戴着三枚奖章，年轻的脸庞露出一丝微笑，眼中透着坚定。在这之后，三枚奖章和照片就被压在了箱底。老人有些感慨地说，60 多年过去了，岁月爬上了脸庞，染白了两鬓，但是他始终认为他的人生岁月静好，岁月有情，所以他无怨无悔。

张富清老人 95 年的人生经历，71 年的忠贞信仰，已经让他成为上善之水，成为一条静静流淌的河，成为一道润物无声的恒久的风景。

那天晚上，我一个人又一次来到酉水岸边，对着酉水，我问自己能否成为一个像张富清一样的人，我的回答不太肯定。我知道不是每一个人都可以成为张富清的，但是我们每一个人都应该努力做到像张富清那样，在时代的进程中，坚守初心，不忘根本；都应该强化使命意识，为实现中华民族伟大复兴而努力奋斗。我们也许永远都不能像张富清老人一样成为一条河，但是我们可以让自己为沧浪之水添上一滴上善之水。这也是一个问心无愧的选择，也能让自己的一生精神富足而折射出时代的光芒。更多的人有了这样的追求和梦想，中华民族何愁不能复兴，中国梦何愁不能实现！

张富清与老伴在接受采访（朱勇 / 摄）

尾声

春风化雨

时代呼唤英雄，生活需要楷模。张富清深藏功名60多年的事迹被传扬之后，全国人民为之动容，一个个学习张富清的活动蓬勃开展。大家都在热议张富清的感人事迹，都在思考张富清为什么能打动那么多人，成为舆论的热门话题。

“什么都不说，祖国知道我。”今天的中国，是一个物质生活日益丰富的中国；今天的中国，也是一个崇拜英雄、人民普遍追求精神生活的中国。

“我们党为什么能够创造奇迹？张富清的事迹与精神，就是成就奇迹的力量，就是读懂奇迹的‘密码’。”上海市中共党史学会会长、上海大学文学院教授忻平说，我们致敬英雄、学习英雄，就是要学习他们对党忠诚的革命本色，学习他们不怕牺牲的战斗精神，学习他们淡泊名利的高尚情操，以实际行动展示共产党人的精气神。

对清华大学化学系博士生滕续聪来说，科研道路充满艰辛，但一次次实验失败磨砺着他的意志。“和在枪林弹雨中出生入死的张富清老人相比，这些挫折又算得了什么呢？”滕续聪说，作为一名学生党员，要以张老的精神与情怀激励自己，遇到困难时敢于攻坚克难，勇做新时代科技创新的排头兵。

为党分忧、为国奉献、为民服务，是张富清始终如一的坚守，是一代代优秀共产党人的写照，也鼓舞着奋战在脱贫攻坚战场上的党员干部们。“我们学习榜样、传承精神，就是要在属于自己的战场上赤诚报国、无私奉献。”正在下乡了解脱贫进展的湖南省石门县壶瓶山镇党委书记段少帅看了关于张富清事迹的报道后，马上把村里所有党员和群众代表组织起来，学习英雄事迹，并对党员干部提出要求：要以张富清为榜样，以更大的耐心、更强的韧劲，下“绣花”功夫把扶贫工作做好，夺取脱贫攻坚战的全面胜利。

新疆军区某部是张富清老人的“娘家”，在不久前陆军组织的比武中，一举夺得“某型武器夜间射击”课目第一名，该团政委说：“张富清老人是我们这支队伍中的一名老兵，也是我们这支英雄部队的骄傲，我们向老英雄学习，就要坚决听党的话，训练不怕苦、打仗不怕死，平时摘金夺银，战时消灭敌人。”

翟小龙是一名退役军人，也是江西省南昌市红谷滩新区一家企业的副总经理，学习了张富清老人的事迹后，非常敬佩这样一位退伍老兵的高尚情怀和优秀品质。他说："作为一名军人，张富清九死一生立下赫赫战功；作为一名党员，他又在退役转业后俯下身子、甘守清贫，始终为国家、为人民奉献光与热。他为我们退役军人作出了表率，我要以新的作为和贡献，无愧于曾经穿在身上的军装。"

一代人有一代人的使命，一代人有一代人的奋斗。"不求显赫、不为功名，踏踏实实把每一项工作、每一次任务做好，这是老英雄张富清给我的启示。"来自辽宁省丹东市银行系统的基层干部刘宗盈说，"相比于革命前辈，今天的我们赶上了好时代，更要不遗余力地肩负时代赋予的使命，把爱国情、强国志、报国行自觉融入实现伟大梦想的奋斗之中。"

战争年代，他是长城砖，保家卫国，战功赫赫；和平年代，他是大厦瓦，建设祖国，默默奉献。砖瓦无声，却守得国泰民安、海晏河清。张富清的一生，从没有一刻躺在功劳簿上，而是把自己放在祖国和人民最需要的位置上。平凡的坚守，是共产党人的执着；淡泊名利，更是英雄的扶择。这些充满诗意的体会，字字句句让人们认识到了英雄的存在，令我们的生活有了境界，有了格局，有了豪情万丈。

陕西汉中洋县马畅镇双庙村是张富清的家乡。那里生活着与他和他的妻子有血缘亲情的亲人，可是他们过去也不知道张富清的英雄事迹。老人的亲侄子张树积说："我从小便爱听革命英雄的故事，但万万没想到，自已家里就'藏着'一名战功如此卓著的革命英雄。我既感到惊喜，又万分骄傲，想让左邻右舍都知道，我的叔叔张富清是个顶天立地的大英雄！"其实，不用张树积对左邻右舍宣传，村里出了英雄的消息就像一块石头投入池塘，荡起层层涟漪，在当地党员群众中引起了热烈反响。

双庙村党支部书记李志宏已经对学习张富清的活动做出了安排："我们要组织党员干部群众认真学习习近平总书记重要指示，学习老英雄坚守初心、不改本色、默默奉献的精神。下一步，村里打算和老英雄沟通，授予他'名誉村民'的称号，为我们村树立榜样标杆。"

村里还有张富清的另外一位亲属，他的妻弟孙新民。孙新民家里至今还保存着与姐夫张富清有关的五张照片，其中有一张十分珍贵，是张富清和母亲以及孙玉兰的合影。孙新民很骄傲地说："现在全国人民都知道了姐夫的事迹，他是一个深藏功名的英雄，我为他感到骄傲。"

双庙村的党员张明听了张富清老英雄的事迹后说："革命老英雄不忘初心、信念坚定，功高而不自傲，获誉而不张扬，是我们学习的榜样。我要向老英雄学习，向他致敬。我为我们家乡出了这样一位英雄感到骄傲和自豪。"

家乡群众盼望着老英雄能再度返乡。"老英雄能回家看一看就好了。这些年家乡的变化很大，村里多了很多两层小楼，老英雄曾经住的小土房也变成两层小楼。他要能回来看看这些变化，一定会很欣慰的。"村民周志刚说。

洋县洋州街道梁家村退伍军人王伦在得知张富清老人的英雄事迹后表示，作为一名退伍军人，他一定要学习张富清老英雄不怕吃苦的奉献精神，退伍不褪色，大力发展产业，带动更多的乡亲致富。

一个让大家引以为荣的人，一个能激励人们奋进的人，一个能给人以启迪的人，给我们留下了哪些思考？

中国共产党人的初心和使命，就是为中国人民谋幸福，为中华民族谋复兴。什么是初心本色，什么是使命担当，张富清用自己的坚守作出了回答。张富清的岗位、身份一再改变，始终不变的是他对党和国家的无限忠诚，对人民群众的赤子之心。不论岁月如何变迁，坚定不移的信念、服务人民的初心、艰苦奋斗的作风，都将跨越时空，永不过时，永远是我们战胜前进道路上一切困难、实现中华民族伟大复兴的底气所依、优势所在，永远是砥砺我们不忘初心、牢记使命的不竭精神动力。

很多年轻网友也在社交媒体上表达心声："泪流满面，这是何等境界""赤子之心，感人肺腑""这才是真正的党员"。老英雄的事迹，朴实无华，却直抵人心。

有网友赞叹："60 多年了，不是因为一次偶然，这位老英雄依旧会把曾经的荣誉埋藏在心里。他只把自己当成一个幸运儿，那个活下来替所有牺牲的战友领取那份荣誉的人。事了拂衣去，深藏功与名。穿上军装保卫国家，脱下军装建设国家。所谓英雄者，大概如是吧。"

2019 年 4 月 9 日的《光明日报》发表了一篇短评《因为信仰，所以伟岸》：

“共产党处处都是为人民办事的，为国家昌盛办事的。只有跟着共产党，进一步受党的教育，使自己为党、为人民做点工作。”

今年95岁的老革命、老党员、老干部张富清，这样讲述着自己的入党初心。

在硝烟弥漫、战火纷飞的革命年代，张富清舍生忘死，只要部队一有突击任务，就报名参加。翻城墙、缴机枪、炸碉堡……越是艰险，越要向前。敌人的子弹和弹片，掀起过他的头皮，灼烧过他的腋下，撞碎过他的牙齿，但击不穿他为人民求解放的信念。

什么都不说，祖国知道我。

在看不见硝烟的建设和改革年代，张富清公忠体国，响应组织号召，脱下军装，收起奖章，直奔当时湖北最艰苦、最边远的恩施来凤，一干就是30年。

时局艰难时，他以身垂范，动员妻子下岗；忠孝两难全时，他坚守岗位，没奔母丧成为毕生遗憾；改革开放时，他殚精竭虑，破除陈规桎梏……在同事眼里，他勤劳肯干，任劳任怨，不矜不伐。

或许在一般人看来，为国浴血奋战、九死一生的老革命，忘我工作、公私分明的老干部，应该好好歇一歇。

工作上离休了的张富清，在思想政治上没有离休。他时刻铭记着自己老党员的身份。

当他认为自己不能再为国家作贡献时，他首先想到的是少索取。88 岁截肢的他，拒绝在轮椅上被照料，靠着一条腿和假肢、支架重新站了起来；白内障手术期间，明明可以给自己安一个好的晶体，他却选了最便宜的一款；明明没人会动他的药，但他每次都将药瓶锁上，生怕别人挪用他全额报销的一粒药。

一个有希望的民族不能没有英雄，一个有前途的国家不能没有先锋。张富清的伟岸，不只在少年从戎时屡立战功，也在中年转业后恪尽职守，还在晚年离休后奋进不息。

张富清曾说，战场上决定胜败的关键是信仰和意志。

的确，在人生的征途上，因为信仰，他也一往无前。

这篇文章，不单对张富清的动人事迹作了简介，还对张富清这个英雄存在的意义作出了高度概括，同时也为更多的人提供了思考的空间。

春风化雨，张富清朴实纯粹的人生给我们树立了一座精神的丰碑；上善若水，张富清淡泊名利的德行为社会锻造了一个时代的典范！